珍藏本
纪念版

汉译世界学术名著丛书

新科学

下册

〔意〕维柯 著

朱光潜 译

2017年·北京

目　　录

第三卷　发现真正的荷马

第四卷　诸民族所经历的历史过程

第五卷 各民族在复兴时所经历的各种人类制度的复归历程

本书的结论

第　三　卷

发现真正的荷马

第一部分

寻找真正的荷马

序 论

780 我们在第二卷已证明:诗性智慧是希腊各民族的民俗智慧,希腊各民族原先是些神学诗人,后来是些英雄诗人。这种证明的后果必然是:荷马的智慧绝不是另外一种不同的智慧。但是柏拉图〔《理想国》,598 ff,606f!〕却坚决认为荷马赋有崇高的玄奥智慧,其他所有的哲学家们都在附和柏拉图的意见,认为荷马赋有崇高的玄奥智慧,最先是〔伪〕普鲁塔克写了一整部书来谈这个问题①〔652,867〕。我们在这里要特别研究荷马是否算得上一个哲学家。朗吉弩斯对这个问题写过一整本书。……

第一章 记在荷马账上的玄奥智慧

781 让我们把荷马本来确实有的东西记在荷马账上吧!荷

---

① 《荷马的生平和诗篇》,见普鲁塔克著作集第五卷,100—164 页。——英译者

马要遵从他那个时代的野蛮的希腊人的十分村俗的情感和习俗，因为只有这种情感和习俗才向诗人们提供恰当的材料。所以我们应承认荷马所叙述的：他是凭诸天神的力量来尊敬诸天神的，例如天帝约夫大锁链的神话故事就在企图证明约夫在神和人之中都是王〔387〕。根据这种村俗信仰，荷马使人可相信：狄俄默德借明诺娃之助居然能伤害女爱神和战神，在诸天神争战中劫掠了女爱神，用一块大岩石击中了战神〔《伊利亚特》21.403 ff,423 ff〕。（而明诺娃在村俗信仰中确实是个哲学女神〔509 ff〕，她使用的武器居然配得上天帝的智慧！）让我们允许荷马叙述当时流行于希腊各民族中的那种无人道的习俗吧！（而这些野蛮民族却曾被人们认为曾向全世界传播人道，而且谈论部落自然法的学者们居然声称这种无人道的习俗是在各民族中永远流行的。）例如他叙述到明诺娃运用的武器中有毒箭，攸里赛斯去厄非拉那地方就是为寻毒草来造毒箭〔《奥德赛》1.259 ff〕。他还叙述到拒绝埋葬在战场上打死的敌人尸首，任狼狗和鹰鹫吃掉那种无人道的习俗。（因此，老国王普里阿摩用大笔赎金去赎回他儿子赫克托的尸首，尽管这具尸首已被剥光衣服，系在阿喀琉斯的战车上拖着绕特洛伊城墙走了三圈〔667〕。）

782　然而诗的目的如果在驯化村俗人的凶恶性，这种村俗人的教师就应是诗人们，而一个熟悉这种凶恶情感习俗的哲人就不能起这种作用：即引起村俗人去羡慕这种凶恶的情感和习俗，从中感到乐趣，从而让这种乐趣去加剧这种凶恶的情感和习俗；同时一个哲人也不应引起凶恶的村俗人去对神和英雄们的丑恶行为感到乐趣。例如战神在争吵中骂明诺娃是一个“狗屎苍蝇”〔《伊利亚特》21.394〕;明诺娃拳打狄安娜(实即女爱神);阿伽门农和阿喀琉斯相呼为狗,而阿伽门农还是希腊联军的最高统帅,阿喀琉斯也是希腊方面的最大英雄,而且两人都是国王〔《伊利亚特》1.225〕,就连在今天通俗喜剧里仆人们也少有这种下流表现。

783　但是天底下有什么名称比用“愚蠢透顶”来称呼阿伽门农的智慧更为贴切呢!阿喀琉斯逼他做理应做的事,把劫来的女俘克里赛斯送还她父亲,即亚波罗的司祭,这位亚波罗神正为他的司祭这个女俘被劫掠而用残酷的瘟疫来使大批希腊军队死亡。阿伽门农却认为自己受了侮辱,而他挽回荣誉的办法却和他的智慧相称,偷偷地把阿喀琉斯的女俘克里赛斯弄到自己身边。阿喀琉斯也不顾自己身负特洛伊战争胜败(和希腊兴亡)的重任,就愤而带领他的士兵和船艘撤退出来,任赫克托很快就杀掉还没有死于瘟疫的希腊人。这就是前此被认为是希腊政治或文化〔B_8,899〕的缔造者的荷马这位诗人的本色,从这种线索开始就织成全部《伊利亚特》,其中主要角色就是像阿伽门农这样一位统帅以及像上文谈到的原始各族人民的英雄体制时已经介绍过的阿喀琉斯那样一位英雄〔667〕。荷马在这里以无比的才能创造出一些诗性人物性格〔809〕,其中一些最伟大的人物都是和我们现代人的这种文明的人道的性质毫不相容,但是对当时斤斤计较小节的英雄气质却完全相称〔667,920〕。

784　此外,我们应该怎样看待荷马把他的英雄们描绘为那样嗜酒贪杯,每逢精神上感到苦恼,就从酩酊大醉中求安慰呢?以智慧见称的攸里赛斯尤其如此〔《奥德赛》8.59—95?〕。这倒是求安慰的好教训,最配得上一个哲学家啊!

785　斯卡里格在他的《诗学》〔5.3〕里发现到荷马的全部比喻都是从野兽和野蛮事物中取来的，就感到愤怒。但是纵使我们承认荷马有必要用这类野蛮事物，以便本来就野蛮村俗的听众更好地理解，他在这方面确实是成功了，他的那些比喻确是高妙无比的，可是这当然不是受过哲学熏陶和开化过的心灵所应有的特征。而荷马在描绘那么多的各种不同的血腥战争，那么多的五花八门的过分残酷的屠杀——《伊利亚特》全部崇高风格都来源于此，这种酷毒野蛮的描绘风格就不可能来自受过任何哲学感染和人道化的心灵。

786　此外，由研究哲学家们的智慧所养成的始终一致的恒心也不可能把神和英雄们描绘成那样飘忽无常，其中有些角色尽管深感激动和苦恼，一碰到些微的相反的暗示，便马上风平浪静；还有另外的角色正在盛怒咆哮之中偶然想到一个凄惨事件，马上就号啕大哭起来〔《伊利亚特》24.507 ff〕。（意大利在复归的野蛮时期，情况与此也正类似，例如处在这第二个野蛮时期之末号称"塔斯康区域的荷马"的但丁也只歌唱当时历史人物〔817〕。我们前已提到的当时人写的《芮恩佐的传记》生动地把芮恩佐描绘为正如荷马所描绘的一样野蛮成性〔699〕，当他谈到当时罗马政权下人民深受大人物的压迫时，他和他的听众都忍不住痛哭流泪。）另外有些人物则与此相反，在极端哀伤中如果碰上某种愉快的消遣，例如攸里赛斯在阿尔岂弩斯国王的筵席上那样，马上就忘去一切烦恼，尽情欢闹起来〔《奥德赛》8.59 ff〕。另外一些角色本来心平气和，听到一句天真话不合胃口，就翻起脸来，作出狂暴愤怒的反应，威胁要杀死对方。阿喀琉斯也是如此。他在上述普里阿摩老王在帐篷里招待他时听到老国王于无意中说了一句不合他胃口的话，马上就勃然大怒，丝毫不顾这位老国王是在交通神保护之下，深夜里只身穿过希腊军营来赎回他儿子的尸首，这是对他完全信任，他竟不体贴这位老国王所曾遭到的许多沉重灾祸，不顾他对老年人应有的尊敬，对人类共同命运应有的同情和怜悯，禁不住野兽般的狂怒，咆哮如雷地大喊要砍掉那老人的头〔《伊利亚特》24. 552 ff〕。也就是这位阿喀琉斯下定决心要报阿伽门农对他的私仇（尽管他曾受到严重的伤害，也不应以使祖国和全民族遭毁灭的方式来报复），尽管他身负决定特洛伊战争胜负命运的重任，他竟不顾爱国心和民族光荣，亲眼坐视全体希腊人在赫克托猛攻下势将覆灭，不但视死不救，反而觉得开心。后来他终于出兵援助，也只是由于他的爱友帕特洛克罗斯在战场上被赫克托打死这种私愤。他对被夺去的女俘到死也不解恨，直到他把本是特洛伊王室里一位姑娘而战后也成了女俘的美丽而不幸的波立克辛娜（Polyxena）就在她父亲的墓上杀掉，喝干了她的最后一滴血才甘心〔欧里庇德斯（Euripides）：《赫库巴》悲剧 37，220 f〕。真正不可理解的是：一个诗人如果真具备哲学家的谨严思考，竟能自寻开心，像荷马用来塞满另一部史诗《奥德赛》里那样多的让老婆婆讲给孩子们听的寓言故事。

787　像我们在第二卷里关于英雄本性的系定理部分〔666 ff〕所展示的那样一些粗鲁野蛮、飘忽无常、无理固执、轻浮愚蠢的习性究竟是哪种人才会有呢？那种人心智薄弱像儿童，想象强烈像妇女，热情奔放像狂暴的年轻人，因此，我们否认荷马有任何〔哲学家才有的〕玄奥智慧。就是这些考虑所引起的一些疑难才使我们感到有必要来寻找出真正的荷马。

第二章　荷马的祖国

788　过去人们都把玄奥智慧归到荷马身上，现在让我们先研究荷马出生的地方。几乎所有的希腊城市都声言荷马就生在它们那里，还有不少的人断言荷马是一个生在意大利的希腊人。里阿·亚拉契（Allacci）在他的《荷马的故乡》一书里枉费了许多气力。但是传到我们的（古代）作家没有一个比荷马更早，像约瑟夫斯（Josephus）强烈反对语法学家阿庇安的主张所持的论证〔438〕。既然这些作家们出生都比荷马晚得多，我们就不得不运用我们的玄学方法〔348〕，把荷马看作一个民族创建人，从荷马本人著作里去发现荷马的年代和故乡。

789　就荷马是《奥德赛》的作者来说，有确凿的证据使我们相信荷马来自希腊西部稍偏南的地区。《奥德赛》里有一段著名的叙述可以为证。菲亚修姆（Phaeacians，即今 Corfu，考府）[①]国王阿尔岂努斯在攸里赛斯急于启程赶路时，向客人提供一艘装备好的海船，由他的家丁们当水手，他告诉客人说这些水手都是航海老手，如果有必要，可以把客人送到攸波亚（Euboea），即今黑海的黑人桥（Negropont），这是希腊人的极北点（Ultima Thule）。这段叙述〔《奥德赛》7.319 ff〕清楚地证明了创作《奥德赛》的荷马和创作

① 在地中海的一个希腊岛。——译者

《伊利亚特》的荷马并非同一个人，因为黑人桥离特洛伊并不远，特洛伊正坐落在亚细亚，靠近黑海岸一个窄海峡上，海峡上现在有两座要塞，叫做达旦尼尔，这个名称至今仍令人回想起它所自出的Dardania(达旦尼亚)，在古代就是特洛伊国的领土。我们从塞涅卡(Seneca)的《论生命的短促》(13.2)一文里确实见到过去语言学家们对《伊利亚特》和《奥德赛》是否属于同一个作家就曾有过争论。

790　至于希腊许多城市都争着要荷马当公民的光荣，这是由于几乎所有这些城市都看到荷马史诗中某些词、词组乃至一些零星土语俗话都是他们那个地方的。

791　以上这番话可以有助于我们发现真正的荷马。

第三章　荷马的年代

792　从荷马史诗中下列段落，我们可以找到荷马的年代。

I

793　阿喀琉斯为着他的密友帕特洛克罗斯的葬礼，安排了各种游艺，其中一切项目到后来希腊文化达到高峰时都是在奥林匹克运动会中要表演的〔《伊利亚特》23.257 ff〕。

II

794　当时浅浮雕和金属镌镂两门艺术已经发明了。许多例证之中有阿喀琉斯的盾牌〔681 ff〕[①]。绘画当时还未发明，因为浮雕把事物的表面抽象出来，镌镂也是如此，只是刻得较深一点，而绘画却要把事物的表面全部抽象出来，这要求最高度的精巧手艺，因此，无论是荷马还是摩西[②]都不曾提到任何绘画，这就证明了这两人的年代都很古老。

III

795　阿尔岂弩斯国王花园里的各种怡人事物以及宫殿的富丽堂皇和筵席的丰盛〔《奥德赛》7.81—184〕都显示出当时希腊人已达到欣赏奢侈和华丽排场的阶段。

IV

796　当时腓尼基人输送到希腊海岸的商品已有象牙、紫红染料，使女爱神所居岩洞散发香气的阿拉伯香料，一种比洋葱表皮还薄的亚麻〔《奥德赛》19.232ff〕，以及求婚者们献给珀涅罗珀王后作礼物的绣衣。这种绣衣先在织框上设计好，安上精细的弹簧，使丰满的胸臀突出来，纤细的腰部缩进去〔《奥德赛》18.292 ff〕。这种新发明的手艺配得上我们今天讲究娇艳的时代。

V

797　特洛伊老国王坐着去见阿喀琉斯的乘舆〔《伊利亚特》

① 这是《伊利亚特》中有名的对一件艺术品的描绘。——译者

② 希伯来人的民族创建者。——译者

24.265 ff〕是用雪松木做的，而卡吕普索的岩洞〔《奥德赛》5.59 ff〕洒了香料，满洞香气，这种感官方面的精细讲究到后来罗马人最爱在奢侈方面花钱的尼禄等皇朝也望尘莫及。

VI

798　再如喀尔克（Circe）的骄奢的浴室〔《奥德赛》10.360ff〕。

VII

799　跟随求婚者们的青年仆人们〔《奥德赛》1.44 ff〕都很俊秀，淡黄头发，风度翩翩，简直就像现代社交礼节所要求的那样。

VIII

800　男人们和女人们一样讲究发型。这却是狄俄默德和赫克托都用来谴责女子气重的巴里斯的一项罪状〔《伊利亚特》3.54f;11.385〕。

IX

801　荷马描绘他的英雄们，确实常说他们总是吃烤肉〔《理想国》404BC〕。烤是烹调肉食的最简单的办法，因为只需要炭火。这种做法在牺牲祭礼中曾保存住，罗马人用 prosiicia 这个词来指在祭坛上烤熟的牺牲[①]。肉烤熟之后就割开来分享宾客。不过后

① 近似古汉语中的“燔肉”，见《论语》。——译者

来无论是作祭供的还是不作祭供的肉都放在烤叉上去烤。例如阿喀琉斯在享宴特洛伊老国王时〔《伊利亚特》24.621 ff〕,亲自把小羊切开,然后由他的密友〔《伊利亚特》9.201 ff!〕把肉放在烤叉上去烤,放好餐席,把面包放在篮子里摆在席上。因为英雄们所设的盛宴都带有牺牲献祭礼的性质,他们自己就扮演司祭的角色。在拉丁人中间这种享宴方式还保存在 epulae 这个词里,这是由大人物在隆重的"国宴"上宴请人民的,在这种神圣筵席上司祭们也参加。因此阿伽门农亲自宰了两头小羊,以宗教的仪式来表明他同特洛伊老国王订的战争条约是神圣不可侵犯的〔《伊利亚特》3.271 ff〕。当时这样隆重的典礼今天不免使人联想到一个屠夫的作用! 只有在这个阶段以后,才有烹煮的肉食,因为除火以外还要用水、锅和一个三足鼎。维吉尔也提到过他所写的英雄们吃这种烤肉〔《埃涅阿斯纪》1.210ff〕。最后才出现调味的食品,这就需要作料。且回头来续谈荷马的英雄筵席。他描写过希腊人的最美味的食品是用面粉、奶酪和蜂蜜来做的〔《伊利亚特》11.628ff,638ff;《奥德赛》10.234f;20.69〕。不过他用的比拟词中有两个是从水产或渔业中来的〔《伊利亚特》16.406ff,742ff;《奥德赛》5.51ff,432ff;10.124;12.251ff;22.384ff〕。还有攸里赛斯在乔扮乞丐向一个求婚者求施舍时说过,天神们会把渔产丰盛的海赐给对流浪汉乐善好施的人们〔《奥德赛》19.113f〕。鱼在筵席上通常是最好的美味。

X

802　最后是更切合本题的一点。荷马像是出生在英雄法律在希腊已废弛而平民自由政体已开始起来的时期,因为他所叙述的英雄们已和外方人结婚,而私生子也可以继承王位了。实际上情况也本应如此,因为很久以前,赫库勒斯被丑恶的人马妖涅苏斯所污染,就发疯而死,这就已显示英雄法律体制已告终了。[1]

803　所以关于荷马的年代,我们不愿完全鄙视从荷马史诗本身所搜集来的凭证。《伊利亚特》没有《奥德赛》所提供的凭证那样多,朗吉弩斯认为《奥德赛》是荷马晚年的作品〔《论崇高》9.11ff〕,我们证实了把荷马摆在特洛伊战争之后很远的那些学者们的意见,中间的间隔时间长至四百六十年,或则说大约直到弩玛时代[2]。说实在话,我们相信自己不把荷马摆到甚至更接近我们的年代,是在向这些学者们让步。他们说在弩玛时代以后埃及国王莎麦提卡斯才让埃及向希腊人开放。但是从《奥德赛》里许多段落来看,希腊人早已让希腊向腓尼基人开放,和他们通商了,希腊人爱听腓尼基人的故事正不下于爱买他们的商品,正如欧洲人今天对待东印度群岛的故事一样。从此可见,荷马一方面从来没有到过埃及,另一方面他却叙述到埃及和利比亚,腓尼基亚和亚细亚特别是意大利和西西里岛的事物,这二者之间并没有什么矛盾,因为这些事物都是由腓尼基人说给希腊人听过的。

804　可是我们仍无法调解另一个矛盾:荷马同时把他的英雄们描绘为既有那么多的文明习俗,又有那么多的野蛮习俗,特别在《伊利亚特》里是如此。所以为着不把野蛮行为和文明行为混淆

① 赫库勒斯携妻子外逃,到一条河边,把妻子交给人马妖驮着过河,被人马妖奸污,这就破坏了英雄法律中正式婚姻制度。——译者

② 弩玛是罗马的第二代国王。——译者

在一起,如贺拉斯在〔《诗艺》12〕所说的,我们就必须假设荷马的两部史诗是由先后不同的两个时代中两种不同的诗人创造出来和编在一起的。

805　因此,从上文提到的关于荷马的故乡和年代的一些过去的看法来看,种种疑难提起了我们的勇气来寻找真正的荷马。

第四章　荷马在英雄诗方面的无比才能

806　上文已说明的荷马完全没有玄秘哲学以及对荷马故乡和年代的发现都使我深深地疑心到荷马也许只是人民中的一个人。贺拉斯在《诗艺》〔128ff〕里的一番话使这种疑心得到了证实。他说到在荷马以后极难创造新的悲剧人物性格,因而规劝诗人们最好从荷马史诗中借用人物性格。这里所说的“极难”还应联系到另一事实来看,希腊新喜剧中的人物性格全是人为的虚构。雅典就有一条法律,规定新喜剧的人物性格必须是完全虚构的才准上演。希腊人在这一点上做得很成功,使不管多么骄傲自大的拉丁人也无法和希腊人比武,昆体良(Quintilian)在《论修辞术》〔12.10.38〕里就承认过“我们在喜剧方面无法和希腊人竞赛”[①]。

807　除贺拉斯所指出的困难之外,我们还要加上两种范围较广的困难。其一是荷马既然出现最早,何以竟成了一个不可追攀的英雄诗人?悲剧的出现本来较晚,开始时很粗陋,这是人所熟知的,我们在下文〔910〕还要详谈这一点。另一困难是:荷马既然出

① 《论修辞术》第十四卷叙述了希腊和罗马的文学简史。——译者

现在哲学以及诗艺和批评的研究之前，何以竟成了一切崇高诗人中最崇高的一位，而在哲学以及诗艺和批评的研究既已发明之后，何以竟没有一个诗人能远望荷马的后尘而和他竞赛呢？我们且把这两种困难暂时放下，先指出贺拉斯所说的困难加上我们关于新喜剧所说的事实曾引起帕特里齐（Patrizzi）、斯卡里格和卡斯特尔维特罗〔384〕那些论诗艺的大师们研讨过上述分别的理由。

808　理由只有从上文《诗性智慧》部分已找到的诗的起源中去找，也就是从已发现的诗的本质即诗性人物性格中去找〔376ff〕。因为新喜剧所描绘的是当前的人类习俗，即苏格拉底派哲学家们所思索的人类习俗，因此，希腊诗人们深受这派哲学关于人类道德的学说的浸润（例如麦南德 Menander，和他相较，拉丁人把他们的泰伦斯称为“半个麦南德”），因而能创造出一些光辉的范例，显示出一些观念（或理想）中的人物典型，用来唤醒一般村俗人。这些村俗人最擅长于向说服力很强的具体范例学习，尽管他们不能根据推理所得出的箴规来理解。旧喜剧都从现实生活中取来剧中情节，使所作的剧本就按照事物本来的样子。例如邪恶的亚理斯陀芬就曾这样描绘过老好人苏格拉底，造成这位喜剧角色的身败名裂〔906，911〕①。但是悲剧展现在剧场上的却是英雄们的仇恨、侮慢、忿怒和复仇这些都起自英雄们的崇高本性。这些本性自然而然地发泄于情绪、语言方式和行动，通常都是野蛮、粗鲁和令人恐怖的。这类情节都带有一种惊奇色彩，而在题材安排

① 指的是亚理斯陀芬的喜剧《云》。《云》把这位哲学家写得滑稽可笑。——译者

上彼此之间具有紧密的一致性。希腊人只有在英雄体制时代才能创造出这类作品，所以荷马只能出现在这个时代的末期。这一点可以用本书所用的玄学批判来说明。这类神话故事在初产生时原是直截了当的，到了荷马手里时就已经过歪曲和颠倒了〔221〕，从上文《诗性智慧》部分始终都提到的一些公理中就可以看出〔514，708〕！这些神话故事起初原是真实的历史，后来就逐渐遭到修改和歪曲，最后才以歪曲的形式传到荷马手里。因此荷马应该摆在英雄诗人的第三个时期〔905〕。第一个时期创造出作为真实叙述的一些神话，"真实的叙述"是希腊人自己对神话（mythos）一词所下的定义〔401，814〕。第二个时期是这些神话故事遭到修改和歪曲的时期。第三个也是最后一个时期就是荷马接受到这样经过修改和歪曲的神话故事的时期。

809　不过现在且回到我们的本题，以便指出下面一个理由。亚里士多德在《诗学》里〔24. 18. 1460a 19〕说，只有荷马才会制造诗性的谎言。[1] 因为荷马的诗性人物性格具有贺拉斯所称赞的〔806〕无比崇高而妥帖的特征。他们都是些想象性的共性（imaginative universals），如上文《诗性玄学》部分所下的定义〔381〕。希腊各族人民把凡是属于同一类的各种不同的个别具体事物都归到这类想象性的共性上去〔209，402，412ff，934〕[2]。例如阿喀琉斯原是《伊利亚特》这部史诗的主角，希腊人把英雄所有的一切勇敢属性以及这些属性所产生的一切情感和习俗，例如暴躁，拘泥繁文缛

① 意为"把谎说得圆"。——译者

② 这里说的就是"典型"，"典型"不是抽象的共相——概念，而是"想象的共相"，即用形象形成的共相，能代表某一类人的人物性格。——译者

节，易恼怒，顽强到底不饶人、狂暴、凭武力僭夺一切权力（就像贺拉斯在《诗艺》〔119ff〕里替他所总结的）这些特征都归到阿喀琉斯一人身上。再如攸里赛斯是《奥德赛》这部史诗的主角，希腊人也把来自英雄智慧的一切情感和习性，例如警惕性高，忍耐，好伪装，口是心非，诈骗，老是说漂亮话而不愿采取行动，诱旁人自堕圈套，自欺这些特性都归到攸里赛斯一人身上。希腊人总是把个别具体人物的各种行动（情节）按类别分属于上述两种人物性格上去，只要这些行动（情节）是足够突出到能引起仍然迟钝愚笨的希腊人都注意到而且归到上述两类中去。这两种人物性格由于都是全民族所创造出来的，就只能被认为自然具有一致性（这种一致性对全民族的共同意识〔常识〕都是愉快的，只有它才形成一种神话故事的魔力和美）；而且由于这些神话故事都是凭生动强烈的想象创造出来的，它们就必然是崇高的〔142，144〕。从此就产生出诗的两种永恒特性，一种是诗的崇高性（poetic sublimity）和诗的通俗性（popularity，人人喜闻乐见）是分不开的，另一种是各族人民既然首先为自己创造出这些英雄人物性格，后来就只凭由一些光辉范例使其著名的那些人物性格来理解人类习俗。①

第五章　发现真正荷马的一些哲学证据

810　根据以上所述，可以把下列的一些哲学证据搜集在

① 就像凭阿喀琉斯和攸里赛斯来理解希腊社会习俗，在我国曹操和诸葛亮，李逵和宋江，薛宝钗和林黛玉等著名角色也起着同样的作用。——译者

一起。

I

811　首先就是列在上文“公理”中的第一条〔201〕:人们自然而然地被引导到保存住促使他们团结在他们所属的社会中的那些制度和法律的记忆。

II

812　卡斯特尔维特罗所理解的那条真理[①]是:最先出现的必然是历史,然后才是诗,因为历史是真实事物的简单叙述,而诗除此以外还是一种摹仿。足见这位学者在其他方面尽管眼光最锐敏,还不能利用这条真理作为发现真正荷马的钥匙,还没有把这条真理和下列一些其他哲学证据合在一起来看。

III

813　由于诗人们当然出生在村俗史学家们之前,最初的历史必然是诗性的历史。[②]

IV

814　神话故事在起源时都是些真实而严肃的叙述,因此mythos(神话故事)的定义就是“真实的叙述”〔401,408〕。但是由

---

① 卡斯特尔维特罗:《通俗化的和受歪曲的亚里士多德的〈诗学〉》,1576,4—6页。——英译者

② 即神话故事性的。——译者

于神话故事本来大部分都很粗疏，它们后来就逐渐失去原意，遭到了窜改，因而变成不大可能，暧昧不明，惹笑话，以至于不可信〔221，708〕。这些现象就是神话故事中的诸疑难的七个来源，从本书第二卷中就易看出。

V

815　如第二卷所已说明的，神话故事是以窜改歪曲的形式传到荷马手里的〔808〕。

VI

816　神话故事的精华在于诗性人物性格，产生这种诗性人物性格的需要在于当时人按本性还不能把事物的具体形状和属性从事物本身抽象出来。因此诗性人物性格必然是按当时全民族的思维方式①创造出来的，这种民族在极端野蛮时期自然就有运用这种思维方式的必要〔209〕。神话故事都有一种永恒特征，就是经常要放大个别具体事物的印象。关于这一点，亚里士多德在《修辞学》〔2. 21. 1395 b1—10〕里就说过，心眼儿窄狭的人爱把每一种特殊事例提高成一种模范。其原由必然是人的心智还不明确，受到强烈感觉的压缩作用，除非在想象中把个别具体事物加以放大，就无法表达人类心智的神圣本性。也许就是由于这个缘故，在希腊诗人和拉丁诗人的作品里，神和人的形象都比一般人的形象较大。到了复归的野蛮时期，特别是上帝、耶稣和圣母马利亚的画像

① 即形象思维。——译者

都特别高大，也是由于上述缘故。

VII

817　野蛮人既缺乏反思能力，反思力用不好，就会成为谬误之母。最初的英雄时代的拉丁诗人们都歌唱真实的历史故事，即关于罗马人的战争的故事。到了复归的野蛮时期，由于这种野蛮的本性，一些拉丁诗人例如耿特（Gunther）和阿普里亚（Apulia）的威廉等人都还只歌唱历史故事〔471〕，同时期罗曼斯（romance）（或传奇故事）的作者们也都自以为在写真实的历史故事。就连薄雅多（Boiardo）和阿里奥斯陀（Ariosto）虽出现在受哲学教养的时代，也都还取材于巴黎主教杜尔邦主教所著的历史书中〔159〕。由于处于同样野蛮时代的本性，他们也都还缺乏反思的能力，不会虚构杜撰，因此，他们的作品自然真实、开朗、忠实、宽宏〔516，708〕。就连但丁尽管有博大精深的玄奥哲学，也还是用真人真事来塞满《神曲》的各种场面〔786〕，因此把他的史诗命名为喜剧（即"曲"，Comedy），因为希腊人的旧喜剧也描绘真人〔808〕。在这一点上但丁还是像《伊利亚特》中的荷马，朗吉弩斯曾指出过《伊利亚特》全是戏剧性的或再现性的，至于《奥德赛》则全是叙述性的〔《论崇高》9.13〕。再如帕屈拉克（Petrarca）尽管是一位渊博的学者，仍然用拉丁语歌唱第二次迦太基战争，至于他的《凯旋》是用塔斯康语写的，虽具有英雄诗的色彩，却只是一部历史故事辑录。从这里可以看出最初的神话故事都是历史这一事实的最鲜明的证据。因为讽刺诗所讽刺的人物不仅是真实的而且还是人所熟知的；悲剧则取诗性人物性格放到情节里；旧喜剧把还活着的著名人

物放进情节里，新喜剧则由于出现在反思能力最活跃的时代；终于创造出一些虚构的人物性格（正如在意大利语言中新喜剧是随着学问渊博的十五世纪而重新出现的）。无论希腊人还是拉丁人都没有用过完全虚构的人物性格作悲剧的主角。群众趣味也有力地证实了这种分别。群众趣味不肯接受写悲剧情节的乐剧，除非所用的悲剧性情节来自历史。但是群众趣味会容忍喜剧中的虚构情节，因为采用的不是人所共知的私人生活，群众就较易信以为真。

VIII

818　既然诗性人物性格具有上述性质，涉及他们的诗性寓言故事就必然要对希腊最早期才有历史意义，如我们在上文《诗性智慧》部分一直在说明的〔403〕。

IX

819　根据上文第一条哲学证据〔811〕，这类历史故事必然是在各民族中各社团的记忆中自然保存住的；因为作为民族的婴儿，他们必然具有惊人的坚强记忆力，而这也不是未经天意安排的，因为据约瑟夫斯反对阿庇安时所提的论据〔66〕，直到荷马时代甚至更晚的时代尚未发明出共同的字母。在人类还那样贫穷的时代情况下，各族人民几乎只有肉体而没有反思能力〔375〕，在看到个别具体事物时必然浑身都是生动的感觉，用强烈的想象力去领会和放大那些事物，用尖锐的巧智（wit）把它们归到想象性的类概念中去，用坚强的记忆力把它们保存住。这几种功能固然也属于心灵，不过都植根于肉体，从肉体中吸取力量。因此记忆和想象是一回事，所以想象在拉丁文里就叫做memoria（记忆）。（例如在泰伦斯的喜剧《安竺罗斯夫人》里我们就看到“可记忆的”〔memorabile〕是作为“可想象的”意思来用的；我们还常见到comminisci这个词用作“虚构”的意思，所以一个虚构的故事就叫做commentum。）想象也有“机伶”或“创造发明”的意思。（在复归的野蛮时期，一个机伶人也叫做fantastico，擅长想象的人，例如芮恩佐就被当时传记家这样称呼他〔699〕。）因此，记忆有三个不同的作用，当记住事物时就是记忆，当改变或摹仿时就是想象，当把诸事物的关系作出较妥帖的安排时就是发明或创造。由于这些理由，神学诗人们把掌记忆的女神称为各种女诗神（Muses）的母亲①。

X

820　所以诗人们必然是各民族的最初的历史家〔464—471〕。所以卡斯特尔维特罗没有能运用他的历史必先于诗的箴言去寻找诗的真正根源〔812〕，因为他和所有其他讨论过这个问题的人们（从柏拉图和亚里士多德以下）本应很容易看出：凡是异教的历史都起源于神话故事，如我们在公理〔202〕中所提出的，在《诗性智慧》部分所证明的。

XI

821　按照诗的本性，任何人都不可能同时既是高明的诗人，

① 这里所说的想象，imagination或fantasie就是我们近来争论的“形象思维”，维柯认为在人类心理功能发展中形象思维先于抽象思维。——译者

又是高明的玄学家，因为玄学要把心智从各种感官方面抽开，而诗的功能却把整个心灵沉浸到感官里去；玄学飞向共相，而诗的功能却要深深地沉浸到殊相里去[①]。

XII

822　根据公理〔213〕，任何人如果没有自然资禀都可以凭勤奋在其他各种行业中获得成功，但是在诗方面，任何人如果没有自然资禀，就不可能单凭勤奋去获得成功；诗学和批评这两门艺术[②]可以使心灵得到教养，但不能使心灵伟大。因为精细只是一种小品德，而伟大却自然地鄙视一切微小事物。说实在话，这正如滚滚洪流在它的汹涌的进程中夹着污泥浊水俱下，使一些大石头和大树干随流翻转。荷马的诗篇正是如此，他的伟大就说明了我们在他的诗篇中，何以往往遇到一些粗俗的表达方式。

XIII

823　但是这并不妨碍荷马成为一切崇高诗人的父亲和国王。

XIV

824　我们已看到亚里士多德认为没有人能比得上荷马那样会把谎说得圆；贺拉斯称赞荷马的人物性格没有人能摹仿，这两人的意思正相同。

① 共相是抽象的共同属性，殊相是个别具体事物的形象。——译者

② 指诗学和批评理论。——译者

XV

825 荷马在他的诗的语句里像星空那样崇高。诗的语句必须是真实热情的表现，或者说，须凭一种烈火似的想象力，使我们真正受到感动，所以在受感动者心中必须是个性化的。因此，我们把一般化的生活格言称为哲学家们的语句①。凡是对热情本身进行反思的作品只能是出于既虚伪而又枯燥的诗人之手〔703f〕。

XVI

826 荷马史诗中取自野蛮事物的一些比喻确实是无比高明的〔785〕。

XVII

827 荷马所描绘的那些战争和死亡令人恐怖，就使《伊利亚特》具有它的全部神奇性。

XVIII

828 但是上述那些语句，比喻和描绘不可能是一个冷静的，有修养、温和的哲学家的自然产品。

XIX

829 因为荷马所写的英雄们在心情轻浮上像儿童，在想象力

① 维柯所用的“语句”，sentence 不单指语言，兼有“判断”的意义。——译者

强烈上像妇女，在烈火般的愤怒上像莽撞的青年，所以一个哲学家不可能自然轻易地把他们构思出来〔786〕。

XX

830　有些欠妥帖和不文雅的表达方式是由于希腊语文正在形成时期极端贫乏，用它来表达须费大力，就不免显得笨拙。

XXI

831　纵使荷马的诗篇含有玄奥智慧的最崇高的秘密教义（这是我们在《诗性智慧》中已证明绝对不确实的），这些秘密教义的表达方式也不可能由一个哲学家的直截了当、按部就班的谨严的心灵所能构思出来的〔384〕。

XXII

832　英雄时代的语言是一种由显喻、意象和譬喻来组成的语言〔456〕，这些成分的产生是由于当时还缺乏对事物加以明确界定所必需的种和类的概念，所以还是全民族的共同性的一种必然结果。

XXIII

833　各原始民族用英雄诗律来说话，这也是自然本性的必然结果〔463ff〕。这里我们也应赞赏天意安排，在共同的书写文字还未发明以前，就安排好各族人民用诗律来说话，使他们的记忆借音步和节奏的帮助能较容易地把他们的家族和城市的历史保存下来。

XXIV

834 这些神话故事、语句、习俗以及这种语言和诗都叫做"英雄的",都流行于历史所划定的英雄时代,如《诗性智慧》部分所已详细说明的〔634ff〕。[①]

XXV

835 所以上文所说的都是全体人民的一些特征,也是其中每个人都共有的特征。

XXVI

836 由于上述各种特征都来自本性,就是这些特征使荷马成为最伟大的诗人,所以我们否定了荷马是哲学家这种看法。

XXVII

837 此外,我们在上文《诗性智慧》部分也已证明过:凡是所谓玄秘智慧的意义都是后来哲学家们强加到荷马的神话故事里去的〔515,720f〕。

---

① 注意:维柯的"英雄"专指原始民族中的强人或贵族,与一般人所了解的"英雄"不同,维柯依埃及传统把历史分为神、英雄和人的三个时代,属于英雄时代的人就叫做英雄,涉及英雄时代的制度、习俗乃至文艺、语言和斗争都叫做"英雄的",所以在《新科学》里"英雄的"这种形容词一般就等于"野蛮的"或"野蛮时代的",一个"英雄"就是一个"酋长"。——译者

XXVIII

838　但是正因为玄秘智慧只属于少数人，所以我们刚才看到：英雄的神话故事精华所在的英雄的诗性人物性格的那种合身合式（decorum）绝不是今天擅长哲学、诗学和批评技艺的学者们所能达到的。就是根据这种合身合式，亚里士多德和贺拉斯才都把锦标交给荷马，前者称赞荷马把谎说得圆，他人无法和他相比；后者称赞荷马的人物性格是旁人摹仿不到的。这两种说法其实是一致的〔809〕。

第六章　发现真正荷马的一些语言学的证据

839　上述大量哲学证据都是从对异教诸民族的创建人进行玄学批判得来的。我们应把荷马摆在这些民族创建人之列，因为我们确实找不到其中哪一个世俗作家比荷马还更古老（如犹太人约瑟夫斯所坚持的）〔438〕。我们还可以加上下列一些语言学的证据。

I

840　一切古代世俗历史都起源于神话故事〔202〕。

II

841　和世界一切其他民族都隔绝的一些野蛮民族，例如日耳曼人和美洲印第安人，都已被发现把他们的历史保存在诗篇里〔470〕。[1]

III

842　开始写罗马史的就是些诗人〔471，871〕。

IV

843　在复归的野蛮时期，一些历史都是一些用拉丁文写作的诗人们写的。

V

844　埃及的高级司祭曼涅陀把用象形文字写的古代埃及史解释为一种崇高的自然神学〔222〕。

VI

845　我们在《诗性智慧》部分已说明了希腊哲学家们也曾对在神话故事中叙述的古代希腊史进行了类似的解释〔361f〕。

VII

846　因此，在上文《诗性智慧》部分〔384，403〕，我们不得不把曼涅陀的秩序倒转过来，删去了那些神秘的解释，把神话故事还原到它们本来的历史意义；这样做既自然而又容易，不带任何强词

① 中国的《诗经》和《楚辞》也可以为证。——译者

夺理，遁词或歪曲。我们能这样做，就说明了那些作品里所包含的历史神话故事是符合当时历史特性的。

VIII

847　以上一切都有力地证明了斯特拉博所肯定的一番话〔1.2.6〕，他说在希罗多德以前，希腊各族人民的历史都是由他们的诗人们写的。

IX

848　我们在第二卷里还说明了无论在古代还是在近代，各民族中最初的作家们都是些诗人〔464—471〕。

X

849　《奥德赛》里有两段名言〔11.367ff〕，在赞美一位说书人把故事说得好时，说他讲故事就像一位音乐家或歌唱家。用荷马史诗来说书的人正是如此，他们都是些村俗汉，每人凭记忆保存了荷马史诗中某一部分。

XI

850　根据犹太人约瑟夫斯反对语法学家阿庇安时所坚持的意见，荷马不曾用文字写下任何一篇诗〔66〕。

XII

851　说书人周游希腊各城市，在集市或宴会上歌唱荷马史诗，这个人歌唱这一段，另一个人歌唱另一段。

XIII

852　rhapsodes（说书人）这个词的字源是由两个词合成的，意思是把一些歌编织在一起，而这些歌是从他们本族人民中搜集来的。与此类似的普通词 homēros 据说也是由 homou（在一起）和 eirein（联系）合成的；这样就指一个保证人，把债主和债户联系在一起。这种派生过程〔应用在一个保证人身上〕就有些牵强附会，而应用在荷马身上作为神话故事的编织者，却是很自然的、顺当的。[①]

XIV

853　庇西斯特拉图王朝（Pisistratids）雅典暴君们自己或是让旁人把荷马的诗篇加以划分和编排，成为两部：《伊利亚特》和《奥德赛》。所以我们可以想到前此荷马的诗篇原是一堆混乱的材料，我们现在还看得出这两部史诗在风格上大不相同。[②]

XV

854　庇西斯特拉图王朝还下令，从此以后荷马史诗应由说书人在雅典全国性的宴会或庆祝会上歌唱，据西塞罗的《论神性》（实即《论演说家》）〔3. 34. 137〕和柏拉图的对话录《希巴球斯》

---

① homēros 在希腊文中就是荷马。——译者

② 荷马史诗原只由说书人分别传诵，到公元前 6 世纪才由庇西斯特拉图暴君们结集成书。——译者

〔228B〕等著作。

XVI

855　但是庇西斯特拉图王朝被放逐出雅典，只比塔魁尼阿斯王朝被放逐出罗马稍早几年。所以我们如果假定荷马生在雅典国王弩玛那样晚的时期〔803〕，而在庇西斯特拉图王朝以后一定还过一段很长时间才让说书人们继续把荷马的诗篇保存在记忆里。这个传说就使另一个传说毫不可靠。据另一传说，在庇西斯特拉图王朝时代是由亚理斯塔球斯（Aristarchus）[①]把荷马的诗篇加以净化、划分和编排的。这个传说不可靠，因为这种工作没有书写用的俗文字就做不成，而且如果做成了，此后就不再需要说书人们凭记忆来歌唱各章各节了。

XVII

856　根据这个理由，曾用文字写出作品的赫希阿德就应在庇西斯特拉图王朝之后，因为没有证据使我们相信赫希阿德像荷马一样是由说书人凭记忆把他的作品保存下来的，而编年纪事史家们却白费力地把赫希阿德摆在荷马之后三十年。可是像荷马的说书人那样的“歌咏诗人”（cyclic poets）竟能把全部希腊神话史从诸天神的起源到攸里赛斯回到故乡伊特卡，都保存下来了，这些“歌咏诗人”的名称是从kyklos（圆圈）这个词来的，他们不过是些平常人在宴会上或庆祝会上向围成一个圈子的老百姓们歌唱神话故

① 亚理斯塔球斯，公元前3世纪的天文学家。——译者

事。这种“圈子”正是贺拉斯在《诗艺》〔132〕里所说的“卑贱的大圈子”。……(这里原有一长段繁琐考证未译。——译者)赫希阿德[①]有可能比荷马还早,因为他的作品包括了全部关于诸天神的神话故事。

XVIII

857　因此,希波克拉特也可以说有类似情况。他留下了许多大著作,不是用诗而是用散文写的,因此它们自然不能是凭记忆保存下来的;因此他应摆在大约与希罗多德同时。

XIX

858　从这一切来看,姜·浮斯显然过于相信希罗多德所报道的〔5.59ff〕三种纪念章上的铭文,并且认为自己可以根据这些铭文来驳倒约瑟夫斯。因为那三种纪念章即(1)安菲特理安(Amphitryon),(2)希泡孔(Hippocoön)和(3)拉奥麦敦(Laomedon)都像今天商人伪造假古董一样是些伪造品。支持约瑟夫斯而反对浮斯的有马丁·秀克。

XX

859　我们还可以补充一点:荷马从来没有提到过俗写的希腊字母,他说普罗塔斯写给攸拉亚去陷害伯勒罗芬的信是用 sēmata

① 赫希阿德,是《神谱》的作者,他对世界的起源和诸天神的世系叙述和荷马所叙述的也有些不同。他的另一部名著是《劳动和日期》,颇似中国的《月令》。——译者

(符号)写的〔433〕。

XXI

860 尽管亚理斯塔球斯修改过荷马的诗篇,里面还保存住各种各样的土语和措辞不妥语,这必然是希腊各族的不同的习惯的表达方式。此外,音节上也往往有破格处。

XXII

861 荷马的故乡在哪里是无人知道的〔788ff〕。

XXIII

862 几乎所有的希腊城市都说自己是荷马的故乡。

XXIV

863 我们在上文已提出了一些有力的揣测:《奥德赛》的作者荷马来自希腊西部偏南,而《伊利亚特》的作者荷马却来自希腊东部偏北。

XXV

864 就连荷马的年代也是无从知道的〔792ff〕。

XXVI

865 关于年代这一点,意见既多而又纷纭,分歧竟达到四百六十年之长,极端的估计最早到和特洛伊战争同时,最迟到和努玛同时〔803〕。

XXVII

866　因为不应忽视荷马的两部史诗在风格上悬殊很大，朗吉努斯就说，荷马在少年时代编出《伊利亚特》而到晚年时代才编出《奥德赛》〔803〕，达倒是一件怪事，对于一个人生在何时何地毫不知道，而历史在这两点上在叙述希腊的一颗最光辉的明星时却把我们蒙在鼓里。

XXVIII

867　这种考虑理应打消我们对赫希阿德或任何其他人所写的《荷马传记》的信任，其中叙述了那么多的次要细节，竟塞满了一整部书。对普鲁塔克的《荷马传》也应如此看待。由于他是一个哲学家，谈荷马时较为清醒〔780〕。

XXIX

868　不过朗吉努斯的揣测也许是根据这样一个事实：荷马在《伊利亚特》里描绘的阿喀琉斯的狂怒和骄横都是青年人的特征；而在《奥德赛》里则叙述攸里赛斯的诡诈和谋略，都是老年人的特征。

XXX

869　据传说，荷马是个盲人，因此他才叫做荷马，Homēros 在伊阿尼亚土语里意思就是“盲人”。

XXXI

870　荷马自己曾称在贵人筵席上歌唱的诗人们为盲人，例如在阿尔岂砮斯招待攸里赛斯的筵席上歌唱的〔《奥德赛》8.64〕以及在求婚者欢宴中歌唱的〔《奥德赛》1.153ff〕都是盲人。

XXXII

871　盲人们一般有惊人的持久的记忆力，这是人类本性的一种特征。

XXXIII

872　最后，〔据传说〕荷马很穷，在希腊各地市场上流浪，歌唱自己的诗篇。[①]

① 我国过去说书人和算命先生以及瞽妓也大半既穷而又盲目，浪游集市卖技。也可作为旁证。——译者

第 二 部 分

发现真正的荷马

导 言

873 关于荷马和他的诗篇，由我们凭推理得出的或是由旁人叙述过的以上一切事实，都不是我们事先就着意要达到这样结果的——说实在话，我们原先并没有想到：本书第一版（用的并不是和本版一样的方法研究出来的）的某些读者，都是些思想锐敏和学问高超的学者们，就曾疑心到前此人们一直在置信的那个荷马并不是真实的。这一切情况现在迫使我们要肯定：不仅是荷马，就连特洛伊战争的经过也不是真实的。现在就连最审慎的批评家们也都认为：尽管特洛伊战争标志着历史上一个著名的时代，而实际上它在世界上并不曾发生过。就特洛伊战争来说，假如荷马不曾在诗篇里留下一些重大的遗迹，有许多重大难题就应迫使我们下结论说：荷马纯粹是一位仅存于理想中的诗人，并不曾作为具体的个人在自然界存在过。但是一方面有许多重大难题，而另一方面又有留传下来的诗篇，都似应迫使我们采取一种中间立场：单就希腊人民在诗歌中叙述了他们的历史来说，荷马是希腊人民中的一个理想或英雄人物性格。

第一章　前此置信的那个荷马所表现出的许多不恰当和不可能的事情在本书所发现到的那个荷马身上就成了既是恰当的，又是必然的

874　从这种发现来看，前此所置信的那个荷马在他的叙述里一切不恰当的和不可能的事物和语言，在现在发现的那个荷马里就都变成恰当的和必然的了。首先，我们原先还得将信将疑的那些重大事物迫使我们要说下列各点：

I

875　为什么希腊各族人民都争着要取得荷马故乡的荣誉呢？理由就在于希腊各族人民自己就是荷马〔788ff,861f〕。

II

876　为什么关于荷马年代有那么多的意见分歧呢？理由就在于特洛伊战争从开始一直到努玛时代有四百六十年之久，我们的荷马确实都活在各族希腊人民的口头上和记忆里〔803〕。

III

877　他的盲目〔869ff〕。

IV

878　和他的贫穷〔872〕,都是一般说书人或唱诗人的特征。他们都盲目,所以都叫做荷马(homéros)①。他们有特别持久的记忆力。由于贫穷,他们要流浪在希腊全境各城市里歌唱荷马诗篇来糊口。他们就是这些诗篇的作者,因为他们就是这些人民中用诗编制历史故事的那一部分人。

V

879　由此可见,荷马作出《伊利亚特》是在少年时代,当时希腊还年轻,因而胸中沸腾着崇高的热情,例如骄傲、狂怒、报仇雪恨,这类热情不容许弄虚作伪而爱好宏大气派。因此,这样的希腊喜爱阿喀琉斯那样的狂暴的英雄。但是他写《奥德赛》是在暮年,当时希腊的血气仿佛已为反思所冷却,而反思是审慎之母,因此这样老成的希腊爱慕攸里赛斯那样以智慧擅长的英雄。从此可见,在荷马的少年时期,希腊人崇尚粗鲁、邪恶、狂暴、野蛮和残酷。到了荷马的暮年时期,希腊人就喜欢阿尔岂弩斯老国王的奢侈品,卡吕普索(Calypso)的那些欢乐,塞壬女妖们的歌声,求婚者们的那些吃喝玩乐和对珀涅罗珀王后贞操的围攻和侵犯。像以上这两类习俗和习性竟曾被人认为同时存在,而在我们看来,二者是互不相容的〔803f,866〕。这个难点曾足以使神明的柏拉图〔780〕宣称,荷马原是凭灵感预见到这些令人作呕的、病态的、邪淫的习俗风尚

① 这个词义就是盲人。——译者

终于会到来，他想借此来解决上述难点，可是他只是把荷马弄成希腊文明政体的一个愚笨的创建人〔《理想国》606E〕，因为尽管他谴责这种腐败颓废的习俗风尚，却也同时教导了这种习俗风尚终于要到来，这就会加速人类制度的自然进程，使希腊人更快地走向腐化。

VI

880　我们这样就说明了《伊利亚特》的作者荷马要比《奥德赛》的作者荷马早许多世纪。

VII

881　我们还说明了歌唱在他本国发生的特洛伊战争的那位荷马来自希腊的东北部，而歌唱攸里赛斯的那位荷马却来自希腊的西南部，攸里赛斯所统治的王国就坐落在希腊的西南部〔789〕。

VIII

882　这样，迷失在希腊人民群众中的荷马被批评家们横加给他的种种指责，特别是就下列各点的指责，就可以得到昭雪了：

IX

883　他的卑劣语句，

X

884　他的村俗习俗，

XI

885 他的粗疏譬喻,

XII

886 他的地方俗语,

XIII

887 他的音节失调,

XIV

888 他的土语前后不一致,

XV

889 他把神变成人,把人变成神。

890 关于这最后提到的神话故事,朗吉弩斯本人并不置信,除非有些哲学性的神话故事可以佐证〔《论崇高》9.7〕,这就等于承认当时把这类神话歌唱给希腊人听时,听起来就不能使荷马获得希腊文明体制创建者的荣誉〔899〕。这个不利于荷马的难点也就是我们在上文提出过的不利于把奥辅斯当作希腊人道创建者的那个难点〔79—81〕。但是上述那些特征,特别是其中最后的一个,本来都是希腊各族人民所共有的,因为在创建时期希腊人本身就是虔诚信宗教的、贞洁的、强壮的、正直的、宽宏大量的〔516〕,他们就认为神也有这些品德,如我们在上文讨论自然神谱时所已证明的;后来随着岁月的推移,上述神话故事就渐暗淡起来了,老习俗也衰败了,希腊人于是凭他们自己的性格来判定他们的神也和他们自己一样放辟邪侈了,如我们在上文《诗性智慧》部分已详论的。这是由于〔220〕那条公理:人们自然地强使一些暧昧不明确的法律屈就人们自己的情欲和利益。因为人们害怕神在习俗上如果和人不同,神对人的愿望就会不利〔221〕①。

XVI

891　但是因此荷马就更有权利具有两大特优点(其实还是一个特优点),即亚里士多德所称赞的诗性谎言,和贺拉斯所称赞的特长于创造英雄人物性格〔809〕。贺拉斯因此承认自己不是诗人,因为他缺乏才能或巧智去把握住他所称的 colores operum(作品的色彩)〔《诗艺》86〕,这其实也就是亚里士多德所说的“诗性谎言”,因为罗马喜剧家普劳图斯在他的剧本《吹牛的战士》〔186〕异文里就把 obtinere colorem(把握色彩)用作“把谎话说得完全像是真的”这个意义。一个好的神话故事本来就应如此。

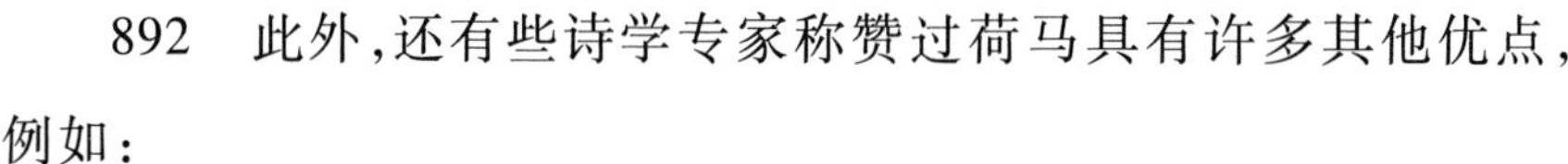

892　此外,还有些诗学专家称赞过荷马具有许多其他优点,例如:

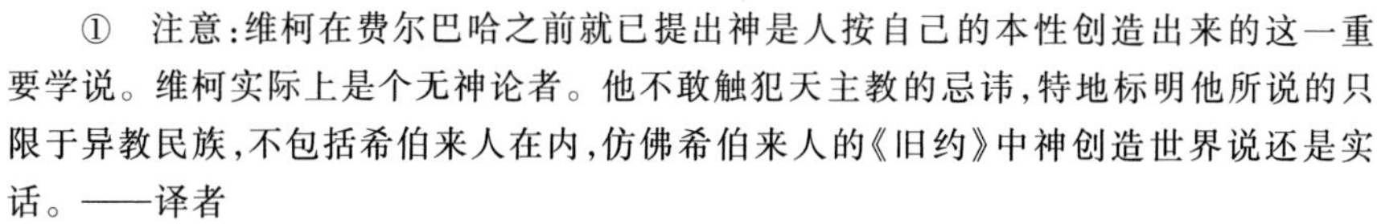

①　注意:维柯在费尔巴哈之前就已提出神是人按自己的本性创造出来的这一重要学说。维柯实际上是个无神论者。他不敢触犯天主教的忌讳,特地标明他所说的只限于异教民族,不包括希伯来人在内,仿佛希伯来人的《旧约》中神创造世界说还是实话。——译者

XVII

893　他的粗俗野蛮的譬喻〔785,826〕,

XVIII

894　他把战争和死亡描绘得残酷可怕〔827〕,

XIX

895　他的充满崇高热情的语句〔825〕,

XX

896　他的富于表现力的堂皇典丽的风格。这一切优点都是希腊人英雄时代的特征,荷马在这种英雄时代始终都是一位高明无比的诗人,正因为生在记忆力特强、想象力奔放而创造力高明的时代,荷马绝不是一个哲学家〔781—787〕。

XXI

897　因此,后来的一切哲学、诗学和批评学的知识都不能创造出一个可望荷马后尘的诗人。

898　还不仅此,荷马配得以下三种对他的赞词:

XXII

899　一、他是希腊政治体制或文化的创建人〔B_8,783,879,890〕;

XXIII

900 二、他是一切其他诗人的祖宗；

XXIV

901 三、他是一切流派的希腊哲学的源泉〔779〕。这三种赞词中没有哪一种可以献给前此人们所置信的那个荷马。第一种赞词不相称，因为从杜卡良和庇拉时代算起〔523〕，荷马出现在我们已在《诗性智慧》部分说明的正式婚姻制度奠定希腊文明社会的之后八百年。第二种赞词不相称，因为在那个荷马时代之前，神学诗人们就已很繁荣，例如奥辅斯、安菲翁、缪萨乌斯、李努斯等人，编年纪事史家们把赫希阿德摆得比荷马还早三十年，西塞罗在他的《布鲁图传》〔18.71〕里也肯定了有些英雄诗人比荷马还早。攸色布斯在他的《为福音作准备》一书〔10.11.495bc〕里还举过一些名字，例如菲拉蒙、塔茂理斯、德莫多库斯、厄庇蒙里狄斯、阿里斯特斯，等等。最后，第三种赞词也不相称，因为哲学家们并不是从荷马神话故事里发现到他们的哲学，而是把他们的哲学硬塞进荷马神话故事里去的，如我们在《诗性智慧》部分已详谈过的。事实是诗性智慧本身用神话故事向哲学家们提供机缘去思索其中高明的真理，如我们在本书第二卷为实现卷首的诺言时就已说明过的〔361ff,779〕。

第二章　从荷马史诗里发现的希腊部落自然法的两大宝库

902　但是最重要的还是凭我们的发现,我们还可以把另一种最光辉的荣誉归给荷马:

XXV

903　荷马是流传到现在的整个异教世界的最早的历史家。

XXVI

904　因此,他的两部史诗此后应作为古希腊习俗两大宝库而受到高度珍视。但是荷马史诗却遭到十二铜版法所遭到的同样命运。正如十二铜版法曾被人认为是由梭伦为雅典人制定的法律而后来由罗马接受过去的,从此就把拉丁部落自然法的历史一直掩藏住不让我们知道,荷马史诗也被人认为由某一个人,一位罕见的高度完美的诗人所抛出来的作品,前此也一直把希腊部落自然法的历史也掩藏住不让我们知道一样。

附　　编

戏剧诗和抒情诗作者们的理性历史

905　上文已说明过，荷马以前已有三个诗人时代〔808〕。首先是神学诗人们的时代。神学诗人们自己就是些英雄，歌唱着真实而严峻的神话故事；其次是英雄诗人们的时代，英雄诗人们把这些神话故事窜改和歪曲了〔901〕。第三才是荷马时代，荷马接受了这样经过窜改和歪曲的神话故事。现在对远古历史运用玄学批判的方法，即对最初各民族自然形成的一些观念进行解释，也可以用来说明和分辨戏剧诗人们和抒情诗人们的历史，而过去哲学家们所写的这方面历史都很暧昧而混乱。

906　这些哲学家们把安菲翁[①]这位英雄时代最古的诗人列入抒情诗人一类，说他发明了酒神赞歌和有关的合唱，还说他先引进了用诗来歌唱的林神（satyrs），而酒神歌就是由一个合唱队载歌载舞地赞颂酒神的。他们还说有些值得注意的悲剧诗人们在抒情诗人时代还很繁荣；而第阿根尼斯・拉尔修（Diogenes Laertius）还说〔3.56〕，在悲剧里，合唱队起初是唯一的演员，而最早的悲剧诗

① 据传说，安菲翁（Amphion）曾攻占第伯斯，弹起交通神授给他的竖琴，许多大石头就自动地移动起来，砌成了第伯斯的城墙。——译者

人是埃斯库罗斯。据泡沙尼阿斯的叙述〔1.21.2〕,命令埃斯库罗斯写悲剧的是酒神巴库斯,而贺拉斯在《诗艺》里有一段却说〔275ff〕,悲剧的创始人是特斯庇斯(Thespis)。贺拉斯在这里是从林神剧(satyr)开始来讨论悲剧,说特斯庇斯首先用林神剧在收葡萄造酒季节在板车上表演。他们还说,后来出现了索福克勒斯,巴勒门(Palaemon)把他称为悲剧诗人中的荷马。这一轮悲剧诗人以欧里庇得斯为殿军,亚里士多德把他称为悲剧诗人中悲剧性最强的一位〔《诗学》,13.10.1453a 29〕。他们说,在同一时期出现了亚理斯陀芬。他发明了老喜剧,为新喜剧开辟了道路(即后来麦南德所走的道路)。他的喜剧《云》造成了苏格拉底的身败名裂〔808,911〕。后来有些人把希波克拉特(Hippocrates)摆在悲剧诗人时代,另一些人把他摆在抒情诗人时代。但是索福克勒斯和欧里庇得斯都略早于十二铜版法的时代,而抒情诗人们则在其后才出现。这个事实似要推翻把希波克拉特摆在希腊七哲人时代的那种时历表了。

907　为着解决这一困难,我们必须说,有两种悲剧诗人,也有两种喜剧诗人。

908　古代抒情诗人们理应首先是颂神歌的作者们,例如据说其中有些是荷马用英雄体诗作的那类颂神歌。后来就应是另一类抒情诗人,用像阿喀琉斯弹竖琴来歌唱过去英雄们的那样抒情的调子〔《伊利亚特》9.186ff〕。与此类似,在拉丁人中最早的诗人是用赛里(salian)诗律的那些作者。这种诗是由叫做赛里阿(salio)的司祭们在祭神节日所歌唱的颂神歌。(salio 的原义是"跳"或

"踊跃",正如最初的希腊合唱队在一个圆圈里踊跃。)[①]这类颂神歌的断简残篇是古拉丁语传到现在的一些最古的遗迹。它们都有一种英雄诗的情调〔438,469〕。这一切都符合各民族人道起源时的情况。各民族在最初时期,即宗教时期,理应首先只向天神献颂歌(正如在复归的野蛮时期,这种宗教习俗也复归了。当时司祭们是唯一的识字人,只作出宗教性的颂神歌)[②]。到了后来的英雄时期,他们就理应只敬重和庆祝英雄们的丰功伟绩,如阿喀琉斯所歌唱的。上文提到的安菲翁理应属于这类宗教性的抒情诗人〔906〕。他也是林神剧即最初的简陋的悲剧的起源,是用英雄诗律(希腊人最早用来歌唱的一种诗律〔463〕)。所以安菲翁的酒神赞歌就是最早的林神剧,而贺拉斯讨论悲剧就从林神剧开始〔《诗艺》,220ff〕。

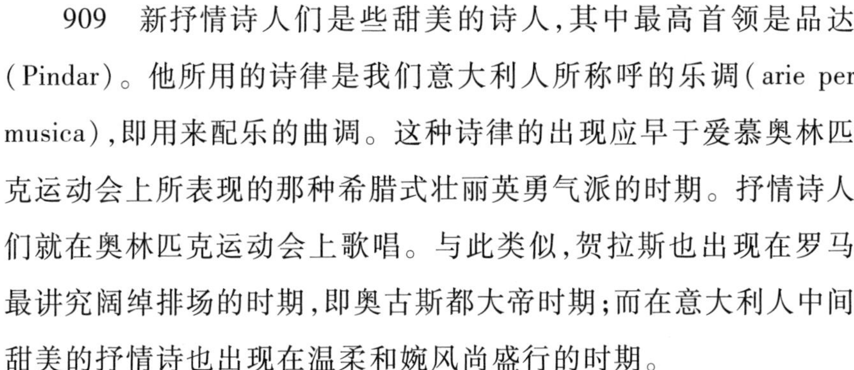

909　新抒情诗人们是些甜美的诗人,其中最高首领是品达(Pindar)。他所用的诗律是我们意大利人所称呼的乐调(arie per musica),即用来配乐的曲调。这种诗律的出现应早于爱慕奥林匹克运动会上所表现的那种希腊式壮丽英勇气派的时期。抒情诗人们就在奥林匹克运动会上歌唱。与此类似,贺拉斯也出现在罗马最讲究阔绰排场的时期,即奥古斯都大帝时期;而在意大利人中间甜美的抒情诗也出现在温柔和婉风尚盛行的时期。

910　悲剧和喜剧诗人们是在下列两种年代极限之内走完了他们的过程的。特斯庇斯在希腊的一部分,而安菲翁在希腊的另

① 也正如我国少数民族"跳月"、"跳秧歌"之类歌舞。——译者

② 中国过去的巫师也是如此。——译者

一部分,在收葡萄造酒季节创造了林神歌或林神剧这种雏形悲剧,用林神为角色。在当时简陋情况之下,他们理应首先创造出原始的面具或伪装,用随手带的山羊皮来掩盖脚和大小腿,用酒糟来涂抹胸部和面部,在前额上安上角(或许因此今天收葡萄造酒的人还叫做“头上长角的人”〔cornuti〕)。在这个意义上埃斯库罗斯受酒神之命写悲剧的传说也许是真实的。这一切都符合当时情况,当时英雄们都声称平民们是半人半山羊的人兽两性混合的怪物〔566f,906〕。从此可见,有充足的根据来揣测悲剧起源于这种林神剧的合唱队。悲剧这个名称来自上文所描绘的面具,而不是来自用山羊来酬劳这种诗竞赛中的锦标手。(贺拉斯在《诗艺》〔220ff〕里看到后一种可能,却没有看出它的意义,只说山羊微不足道。)[①]林神剧保存了它起源时的永恒特性:即表示讥刺的特性;因为用这种粗糙面具化装而坐在载葡萄的板车上的农民们都享有特权,可以讥刺在他们上面的贵人们——就像至今意大利,快活的坎帕尼亚(Campania,一度被称为酒神的故乡)收葡萄造酒的农民们还享有这种讽刺特权一样。从此可见,学者们后来把潘恩(pan 意指“泛”、“凡是”或“一切”)的神话故事塞进来所增补的东西多么不真实(因为 pan 的字义是“一切”),哲学就伪造出神话来,说 pan 就是指宇宙,而露毛的下身指地,涂红的胸部和面部指火,头上两个角指日月〔688〕。罗马人却用了 satyra 这个词替我们保存住关于 pan 的历史性神话。因为 satyra 这个词,据菲斯塔斯的解释,是指“拼盘菜”,因此后来的“lex per satyram”就指“法律总

---

① 希腊文的“悲剧”意思是“山羊歌”,因此对悲剧的起源有种种揣测。——译者

汇”。据贺拉斯〔《诗艺》225ff〕,林神剧里各种类型的人物性格,例如神,英雄,国王,工匠和奴隶们都会出现。但是在罗马人中还保存住的林神剧中并不用各种不同的题材,每篇诗只专写一种独立的情节。

911　接着埃斯库罗斯就造成了由旧悲剧,即林神剧,到中期悲剧的过渡,办法是运用人类面具,把安菲翁的原来由林神合唱队演出的林神剧改为由一群人的合唱队演出,而中期悲剧理应是旧喜剧的来源,其中描绘一些大人物,所以用合唱队是适合的。后来索福克勒斯和欧里庇得斯相继出现,替我们留下了悲剧的最后形式。旧喜剧在亚理斯陀芬手里告终,因为它使苏格拉底获得了坏名声。接着麦南德给我们留下了新喜剧,角色都是私人的虚构的人物,因为人物是些私人,所以可信以为真〔806,808,906〕。此后就用不着合唱队了,因为合唱队是些群众在评论剧情,所以评论的只是些公众问题。

912　照这样看来,林神剧是用英雄诗律作的,像拉丁人后来保存下来的那种英雄诗律,因为最初的各民族都用英雄诗律来说话,所以悲剧用英雄诗律①来写作,是很自然的。后来喜剧只是空洞地率由旧章用诗律,当时希腊各族人民已在用散文方式说话了。抑扬格用在悲剧里确实很适合,因为这种诗律是由发泄忿怒产生的,它的运动是贺拉斯所称呼的“快音步”〔233〕。按民间传说,这种快音步是由阿基罗库斯(Archilochus)创造出来,向不肯把女儿嫁给他的来侃伯斯(Lycambes)发泄忿怒的,据说这种辛辣激烈的

① 英雄诗律即史诗的诗律,一般是五音步的抑扬格,要点在先抑后扬。——译者

诗律使听到的父女两人都在绝望中上吊自杀了。这个神话故事必然反映了英雄们和平民们在正式结婚权的斗争中的一段历史。在这场斗争中造反的平民们一定把贵族们连同他们的女儿一起吊死〔598〕。①

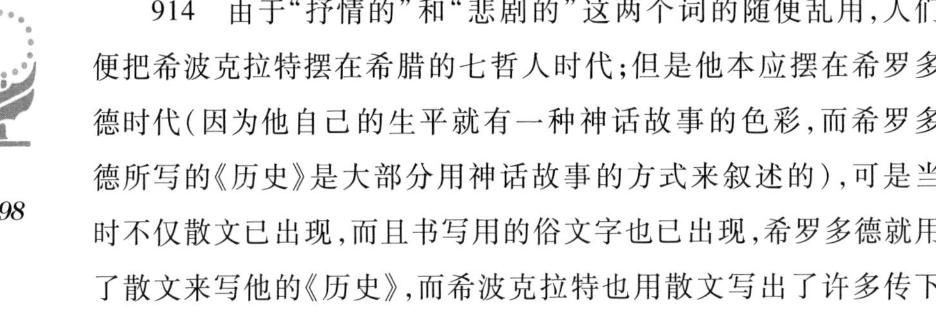

913　诗艺中的奇异可怕性就是这样产生的，凭这种奇特性，上述那种暴烈激昂的快速的诗律就适合悲剧那种宏伟诗篇，柏拉图在《理想国》〔394C?〕里把这种悲剧看得比史诗还更高。这种快速音步很适合于表现诙谐，游戏和多愁善感的爱情，这就形成喜剧的全部的秀美和魔力。

914　由于“抒情的”和“悲剧的”这两个词的随便乱用，人们便把希波克拉特摆在希腊的七哲人时代；但是他本应摆在希罗多德时代（因为他自己的生平就有一种神话故事的色彩，而希罗多德所写的《历史》是大部分用神话故事的方式来叙述的），可是当时不仅散文已出现，而且书写用的俗文字也已出现，希罗多德就用了散文来写他的《历史》，而希波克拉特也用散文写出了许多传下来的医学巨著〔857,906〕。

① 维柯在《新科学》里始终突出贵族与平民的斗争以及平民的最后胜利，争正式结婚权是斗争的起点。——译者

第　四　卷

诸民族所经历的历史过程

引　　论

915　凭在本书第一卷中所奠定下的一些原则，第二卷中所探讨和发现到的异教世界中神和人的一切制度的起源，以及第三卷所发现的荷马的两部史诗是希腊部落自然法两大宝库〔902ff〕（正如我们先已发现了十二铜版法是拉丁区域的部落自然法的一大丰碑〔154〕）。我们现在在第四卷中将借助于这种哲学的和语言学的启发以及凭关于理想的永恒历史的一些公理〔241—245〕，来讨论诸民族所经历的历史过程，沿着诸民族的全部变化多端，纷纭万象的习俗而显出经常的一致性前进，根据埃及人所说的他们以前已经经历过的那三个时代，即神、英雄和人的先后衔接的三个时代〔31〕。我们将看到诸民族都是按照这三个时代的划分向前发展，根据每个民族所特有的因与果之间经常的不间断的次第前进。这三个时代有三种不同的自然本性〔916ff〕，从这三种本性就产生出三种习俗〔919ff〕；由于这三种习俗，他们就遵守三种部落自然法〔922ff〕，作为这三种法的后果就创建出三种民事政权或政体〔925ff〕。为着便于已进入人类社会的人们一方面互相交流上述三种主要制度，就形成了三种语言〔928ff〕和三种字母〔932ff〕；另一方面为着便于辩护，就产生了三种法律〔937ff〕，佐以三种权威（或所有制）〔942ff〕、三种理性〔947ff〕和三种裁判〔954—974〕。

这三种法律流行于三阶段时间〔975ff〕,这是诸民族在他们的生命过程中都遵守的。这些(共十一个)三位一体的特殊整体以及派生其他这样的整体在本卷中都将罗列出〔980—1045〕,它们全部都包括在一个总的整体中。这个总的整体就是都信仰一种有预见的天神的宗教。这就是形成和赋予这个民族世界以生命的精神整体。已在广泛分散的章节中讨论了上述这些典章制度,我们将在本卷里展示它们的发展次序。

第 一 部 分

三种自然本性〔C_7〕

916　第一种自然本性,由于想象具有一种强有力的欺诈力〔385〕,在想象方面最强而在推理方面却最弱〔185〕。它是一种诗性的或创造性的自然本性〔376〕,我们可以称它为神性的,因为它把具体事物都显示为由诸神灌注生命的存在实体,按照每种事物的观念分配一些神给它们〔377,379,401f〕。这种本性就是神学诗人们的本性,在一切异教民族中神学诗人都是最早的哲人,当时一切异教民族都建立在自己特有的某些神这种信仰上。此外,这种自然本性全是凶狠的,残酷的,但是由于上述想象的错误,他们对本来是由他们自己所创造出的那些天神怀有一种极端的畏惧〔518〕。因此就留下两种永恒的特征:一,宗教是唯一的强有力的手段,足以钳制原始民族的凶狠性;二,各种宗教的繁荣是在掌管宗教的人们由内心里崇敬宗教的时候。

917　第二种自然本性是属于英雄时代的,英雄们都相信自己是来源于天神的〔449〕,因为他们既然相信一切事物都是由神造的或做的〔377,379,508,629〕,他们就自信是天帝约夫的子孙,是在天帝占卜典礼下生育出来的。这样英雄们在物种上就属于人类而不属于野兽类,他们因此就相信他们的英雄体制就具有一种自

然高贵性，凭这种高贵性，他们就成了人类的君主，他们就向另一批人夸耀自己的这种自然高贵性，这另一批人实行可耻的野兽般的杂交而引起交讧，就投到英雄们的庇护所里来逃难；因为来时还不信天神，英雄们就把他们作为野兽看待。我们在上文已讨论过这两种自然本性〔553ff〕。

918　第三种才是人的自然本性，它是有理智的，因而是谦恭的、和善的、讲理的、把良心、理性和责任感看成法律。

第 二 部 分

三 种 习 俗

919 第一种习俗都带有宗教虔诚的色彩，就像刚脱离世界大洪水的杜卡良和庇拉两夫妇那批人〔523〕的习俗。

920 第二种习俗是暴躁的、拘泥细节的，像传说中阿喀琉斯那样人物的习俗〔667，786〕。

921 第三种习俗是有责任感的，把自己的民政责任感教给每个人。

第三部分

三种自然法

922 第一种法是神的，因为人们都相信他们自己和他们的一切规章制度都依存于神，由于他们认为任何事物都是一种神或是由一种神所造成的或做出来的〔379，629，917〕。

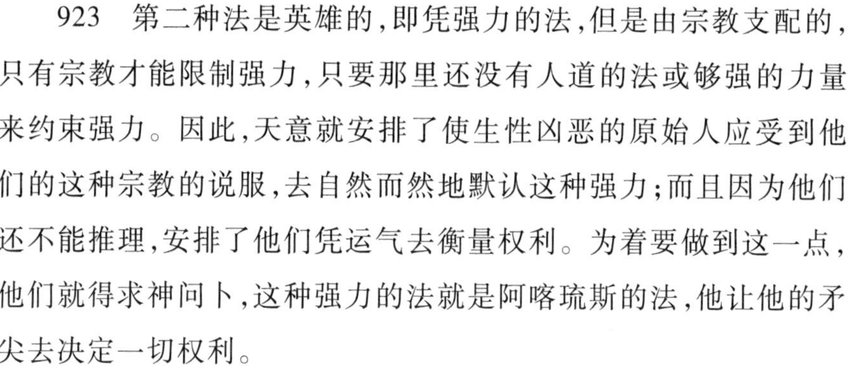

923 第二种法是英雄的，即凭强力的法，但是由宗教支配的，只有宗教才能限制强力，只要那里还没有人道的法或够强的力量来约束强力。因此，天意就安排了使生性凶恶的原始人应受到他们的这种宗教的说服，去自然而然地默认这种强力；而且因为他们还不能推理，安排了他们凭运气去衡量权利。为着要做到这一点，他们就得求神问卜，这种强力的法就是阿喀琉斯的法，他让他的矛尖去决定一切权利。

924 第三种法就是人道的法，是受充分发达的人类理智来下判决的〔C_7，326〕。

第四部分

三种政府(或政体)

925　第一种是神的政府,即希腊人所称呼的神治的(thecratic)政府〔629〕,在这种政府里人们都相信一切事物都由天神来发号施令。这就是神谕或占卜的时代,神谕就是我们在历史中所读到的最初的典章制度〔381〕。

926　第二是英雄的或贵族专政的政府,这也就是用最强者这个意义来讲的权势者们〔optimates〕①的政府〔586〕,在希腊文里它们就叫做赫拉克利族〔Heraclids〕政府,也就是贵族政府。在希腊早期,赫拉克利族遍布全希腊,后来在斯巴达还保存了一些。它们也叫做库越特族(Curetes)的政府,希腊人曾发现到库越特族散布在塞探尼亚(古意大利),克利特岛和亚细亚〔591ff〕,所以库越特族也就是罗马人的魁里特族(Quirites),他们是公众议会中武装司祭们〔595〕。由于上文已提到的这种人来源于神,生来就有生性高贵的优越性,所以在他们的政府里一切民政权利都由英雄们这种统治阶层独占住,而平民们既然被认为来源于野兽,就只准享受生命和自然的自由〔597〕。

---

① 即罗马的当权的贵族们,大半是武装的司祭们。——译者

927　第三种就是人道的政府,在这种政府里由于人的特性在理智性的平等〔918〕,在法律下面,人人都被看成平等的,因为人人在他们的城市里都生来就是自由的,这就是一些自由民主城市的情况,其中全体或大多数人组成城市的公正的武装力量,因此,他们就是民众自由体制的主宰。在君主独裁政体里情况也是如此,独裁的君主使全体臣民在法律面前人人平等,而且把全部武装力量都掌握在自己手里,他们就可使自己在民政方面居优越地位〔1004—1008〕。

第五部分

三种语言

928 有三种语言：

929 第一种是神的心头语言，表现于无声的宗教动作或神圣礼仪〔401ff〕，在罗马民法里还从这些动作或礼仪里保存下来所谓"法定手续"（actus legitimi）[1]，这是他们执行一切民政事务都要使用的手续〔558，1030f〕。这种语言属于宗教，由于宗教的特性，人们敬重它比起就它进行推理还更重要。在最早的时期人们还没有发音的语言，这种神圣的心头语言就有必要。

930 第二种语言是英雄们的徽纹，盾牌就用徽纹来说话，这种语言在军事训练中还保存住了〔484—488〕。

931 第三种就是发音的语言，这是今天一切民族都在使用的〔448—454〕。

---

① actus legitimi——法定动作，指一种代表语言或明文的动作或姿态，例如点头或摇头。法律必有些这样不必明言即可默契的程式，就叫做"法定手续"。——译者

第六部分

三种字母(文字)

932　有三种字母:

933　第一种是神的字母,正当的名称是“象形文字”(hieroglyphics),上文已说过,这是各民族在起源时都使用的〔435〕。这种象形文字都是某种想象的共相(imaginative universals),是由人心有喜爱一致性这种生来就有的特性来支配的〔204,209〕。他们既然不能凭逻辑抽象功能来达到这种一致性,于是就凭想象的描绘;他们把一切属于某一类的分种归结到这种诗性的共相里,例如把关于求神问卜的一切项目都归结到天帝约夫〔379〕,把关于婚姻的一切项目都归结到天后朱诺〔513〕等等。

934　第二种就是英雄们的字母,这些也还是一些想象的共相,他们把英雄时代的各种具体事物归结到这种想象的共相里,例如把凡是英雄战士的事迹都归结到阿喀琉斯,凡是聪明人的谋略都归结到攸里赛斯。这些想象的总类,到人类心智后来学会了从主体中抽象出形状和属性来了,就变成可理解的总类了。这就替哲学家们铺平了道路。到了希腊人道最昌盛的时期才出现的新喜剧的作家们,就从哲学家那里取得了人类习俗的可以理解的总类,在他们的新喜剧作品中把它们描绘出来〔808f〕。

935　最后,土俗字母发明了,就和土俗语言齐头并进。土俗语言是由文字组成的,这些文字仿佛就是过去英雄的语言所使用的殊相(个别具体事物)的总类。再用上文已用过的一个例子〔460〕来说明,从英雄的语组“血在我心中沸腾”他们就造成了“我发怒”这个字。[①] 例如中国人至今还用这种方式从十二万个象形文字中造出少数字母,都归结到这些少数字母,好像就归结到总类一样〔462〕[②]。这种发明确实不是凡人的心智所能做到的,因此波那·封·马林克罗特(Bernard von Mallinckrodt)和英格瓦尔德·厄林(Ingewald Eling)都认为字母是神的发明〔428〕。不难理解,人类惊奇感导致各民族相信这些字母是由一些神学高明的人们替他们发明的,例如说由圣杰罗姆(St. Jerome)替伊里芮亚族人(Illyrians)[③]创造了字母,圣库里尔(St. Cyril)替斯拉夫族人创造了字母等等,如安杰罗·罗卡(Angelo Rocca)在他的《梵蒂冈图书目录》里所说的,在这部目录里我们称之为俗字母的作者们和他们的字母是同时描述的。但是这种看法显然错误,如果我们提出一个简单的疑问,这种看法马上就露出破绽:他们为什么不教人们学习他们本民族自己创造的字母呢?例如说卡德茂斯把腓尼基人的字母输入希腊,但是希腊人后来用的字母和腓尼基人的字母却大不相同。

① 西方语言有时在动词本身就可以见出它是第几人称,不像“我发怒”在汉语里仍是一句话。——译者

② 维柯说的“字母”似指《说文解字》中的“部首”,其实“部首”很难说就是“字母”;也可能指一个字可以依平上去入而分成几个音。维柯没有加注,他大概是从传教士们听到的。——译者

③ 巴尔干半岛一带古代民族。——译者

936　这类语言和文字是由各不同民族之中凡俗人自己做主来控制的,所以都叫做凡俗的〔443〕。由于这种控制语言文字的主权,各族自由人民必然也是他们自己的法律的主宰,因为自由人民才能强加给法律以某种意义,迫使强人们遵守这些法律,尽管这是违背强人们意愿的,如我们在公理部分〔283ff〕已提到的,专制君主自然无权来剥夺人民的上述主权,但是由于人类民政事务的不可剥夺的自然本性,这种和人民分不开的主权却大大加强了独裁君主们的力量,因为君主们可以公布自己的王法,迫使贵族们必须按照人民所赋予这种王法的意义来接受。这种控制凡俗语言文字的主权就包含这样一层意义:按照民政本性的发展次第,自由的民主政体出现在君主专政之前①。

① 维柯的最高政治理想是开明君主专制而不是民主。——译者

第七部分

三种法学

937 有三种法学,或〔法的〕智慧:

938 第一种是一种神的智慧,叫做秘奥的神学,就是关于神的语言的科学,或对占卜的秘奥教仪的知识。这种求神问卜的学问是一种凡俗智慧,这方面的哲人就是神学诗人们,神学诗人们就是异教世界中最早的哲人。神学诗人们从这种秘奥神学得到"秘奥的信士"这个名称。博学的贺拉斯把这个名词译为"天神们的翻译者"〔381〕,所以属于最初这种法学的就是最早的父主们的正式翻译,原文为 interpretari,是由 interpatrari 派生的,意思是"进到父主们心里面去",天神最初就叫做"父主"〔448〕。但丁曾用 indiarsi 这个词来指翻译,意思是"进入神的心里去"〔《神曲》的《乐园》4.28〕。这种法学只用隆重的敬神礼仪来衡量公道;因此,罗马人对"合法手续"〔929〕这个词还保留了一种带有迷信意味的尊敬。罗马人在他们的法律里还保存住婚姻法和遗嘱法这类术语来指结婚和立遗嘱的隆重典礼。

939 第二种是英雄的法学,用某些妥帖的文字要预先费心斟酌,这就是攸里赛斯的智慧所在,他在荷马史诗里号称最善于辞令,用字妥帖,因而总是获得他所谋求的便利。因此,古罗马律师

们的声誉都靠他们的 cavere,即他们的审慎或一丝不苟〔569〕;而他们的“法庭答辩”(de iure respondere)不过是警告委托他们的起诉人或辩护人向法官陈诉事实,以及当时具体情况,恰好符合法律条文程序,使法官无法拒绝接收他的案件〔965〕。在复归的野蛮时期情况也颇类似,法学博士们的全部声誉都靠知道怎样替契约和遗嘱找到保障和怎样写起诉书和辩护书,和援用法律条文要恰恰符合罗马法学家们所要求的“审慎”和答辩程序〔1072〕。

940　第三种是人道的法学,它要审核事实本身真实与否,宽厚地使法律条文适应对两造公平处理的一切要求〔327〕。这种法学是在自由民主政体之下,尤其在君主专政的体制之下才得到遵守的,这两种政府都是人的或人道的政府〔927〕。

941　从此可见,神的法学和英雄的法学在当时诸民族还是粗野的情况下都依据确凿可凭的事实(the certain)。至于人的(或人道的)法学却重视真正的道理(the true),当时人们已开化了。以上这一切都根据对确凿可凭的事实和真实的道理两词的定义以及上文“要素”部分所提出的一些公理〔137f,321f,324f〕。

第八部分

三种权威

942　有三种权威(authority)〔350,386—390〕。第一种权威是神的,神的安排是不要辩护理由的。第二种权威是英雄的,完全要依据法律的正式条文。第三种权威是人的,依据对在实践事务方面所信任的人,须在实践方面有经验而且特别审慎,而在理智事务方面又有崇高的智慧。

943　在各民族经历过的过程中,法学运用的就是这三种权威,这三种权威都属于参议院或立法机构,这些立法机构在这过程中也是一种接着一种的。

944　第一种是财产所有权的权威,因此,授予财产所有权给我们的那些人就叫做 auctores(授权人或保护人)。在十二铜版法里这种财产所有权本身就经常叫做 auctoritas(权)〔386〕。这种权从有宗族制度时就以神的统治机构为它的来源,在家族制度中,神的权威理应寄托在神身上。因为据认为一切事物都归神们所有〔922〕。后来在英雄时代贵族体制中,参议院或立法机构就是权威所在地(在现在的贵族政体中仍然如此),权威很恰当地授给这些当权的立法机构。因此，英雄的参议院[①]批准人民先已设计好的办法，如李维〔1.17.9〕所说的〔113〕。不过这种办法并不是如历史所叙述的从罗慕路政权中断期开始，而是从贵族政体衰落时开始，当时公民权已推广到平民身上了，如前已说明过的〔598，112f〕。这项安排，如李维自己所说的，“往往导致叛乱”〔1.9.6〕；所以人民如果要他们的建议获得批准，举例来说，他们就得提名参议院所赞助的人们去当行政官，正如在君主专政体制下行政官们由人民提名一样。

945　巴布利阿斯法律宣布了罗马人民为最高统治权（或帝权）的自由和绝对的主宰〔112f〕，从此以后，参议院的权威就在于监护，正如监护人批准被监护人们的交易（事务）而被监护人们仍是自己的祖遗财产的主人，这就叫做监护权（auctoritas tutorum）。这种监护权由参议院按照事先已拟好的法律条文授给人民，正如监护人的监护权一般也要授给被监护人一样。参议院须在人民中出席，在大会里出席，在颁布法律时出席，如果他们决定了要颁布；如果决定不颁布，他们就认为该项法律“已过时”而不予批准，也就是宣布他们不需要什么更新〔113〕。这一切做法都是为着避免人民在制定法律时由于欠考虑而使政权受害，同时也为着在制定法律中人民可以受到参议院的调节。因此，西塞罗在《演说家的形成》里〔3.2.5〕把参议院待制定的法律的条文送交人民批准时，有意地注明：“不是私人的授权”，像监护人只须凭出场就算批准涉及被监护人的法令那样，而是完全明文写出的条文，不用人民所

① 在罗马即元老院。——译者

不懂的省略或简写字。这就是巴布利阿斯法律所规定的；此后参议院的权威（用李维的原话）〔1.17.9〕，应记录在案，如果众议院的结果还未确定〔113〕。

946　最后，政体由民众自由转为君主专政，于是就出现第三种权威，即在智慧方面享受信任和名誉的权威。从此以后就是参谋顾问的权威，在这方面罗马皇帝下边的法学家们据说就是权威（auctores）。专制君主下面的参议院的权威一定也是如此，专制君主有充分绝对的自由，听从或不听从参议院的建议。

第九部分
三种理性

第一章　神的理性和国家政权的理性

947　理性有三种：神的理性〔948〕，国家政权的理性〔949〕，和自然理性〔951〕。

948　第一种是神的理性，只有神才懂得，人只凭神的启示才懂得。神先启示给希伯来人，后来启示给基督教徒，启示用原来内在的语言，作为全是心灵的上帝的表达方式启示给人们的心灵；但〔也〕用外在的语言，通过先知们和通过耶稣基督传给使徒们，由使徒们向教会宣告。对异教诸民族来说，神是通过各种预兆，神谕或其他被看作由神传来的信息的各种物体符号，异教人相信神们原是肉体的〔F_7〕。所以在全是理性的神身上，理性和权威是一码事；因此，在正确的神学里，神的权威和理性占着同等地位。在这一点上神的预见应受到崇敬，因为在最早的时代，异教世界的人们还不懂得理性（在氏族体制下尤其如此），神的预见安排好，允许异教人民犯错误，不服从理性而服从预兆的权威来管理自己。他们相信预兆是传达神诏的。这是由于原始异教人民有一种永恒的特性，当他们看不出人类制度有什么理性，尤其是看出它们甚至是违反理性时，他们就逃到暗藏在神意那个深渊里的不可理解的告诫里去逃难。

949　第二种是国家政权的理性，罗马人把它叫做 civilis aequitas〔民政的公道〕，乌尔宾对它下的定义是“不是一切人都自然懂得的，只有政府里能辨别什么才对保存人类生存为必要的那些少数专家才能懂得”〔320〕。在这方面英雄式的参议院自然是明哲的，罗马的参议院尤其是最明哲的，无论是在不准平民们就公众制度发表意见的贵族自由时代，还是在民众自由时代，只要是人民还受参议院领导的时期，这就是说，直到格拉古家族（Gracchi）①时期，一直是如此。

第二章　关于古罗马人的政治智慧的系定理

950　这里就出现了一个像是很难解决的问题：罗马人在粗陋的时代怎么能在治理国政方面那样明智，而到了他们已开化的时代，乌尔宾却说〔320〕“今天只有政府里少数专家才懂得治理国政”呢？答案是这样：凭产生各原始民族的英雄体制的那些同样自然的原因〔666ff〕，古罗马人既然是世界的英雄，自然要谋求民政的公道，这种民政公道最爱斤斤计较法律所由表达的文字。凭这种斤斤计较地对明文的遵守，他们就在一切具体事实中用一刀

① 这个家族的提比略同情平民派，当过护民官，制定了罗马土地法。——译者

截的办法去运用法律，纵使法律已显得严厉，生硬乃至残酷〔322〕，正如今天国家政权的理性就是这样运用的。因此，民政公道在一切法律中就是一位皇后，要使一切法律都服从她。西塞罗曾以这个问题所要求的郑重态度来把这条法律界定为“人民的安全应是最高的法律”。因为在贵族政体流行的英雄时代，英雄们在私人方面每人都享有公众福利的一大份，即祖国替他们保留的族主权；政府既然替他们保留了这一大份特殊利益，族主们自然把一些次要的私人利益放在其次〔584〕。因此，作为慷慨好义的人，他们要维护公众利益或国家利益；作为明智的人，他们替国家出谋划策。这是天神意旨为巨人族主们（如荷马和柏拉图所描述的〔296，338〕）所设计的一种“高招”，假如族主们不享有一大份和公众利益合一的私人利益，就不能诱导他们放弃他们的野蛮生活而去培养文明生活。

951　在人的时代，自由民主政体或君主独裁政体已发展出来了，情况就大不相同。在自由民主政体中公民们掌握着公众利益的大权，公众利益是由公民们分享的，掌握公众利益大权的人民有多少，所划分的小份数也就有多少。在君主独裁政体下，臣民们受指令各管自己的私人利益，让掌权的君主专管公众利益。此外，我们还应加上曾产生上述两种政体的一些自然的原因（这些原因和曾产生英雄体制的那些自然原因正相反），也就是我们前已提到的对安逸生活的爱好，对婴儿的温情，对妇女的爱情，对生命的愿望（贪生）〔670〕。由于这一切原因，今天人们都被诱导到关注可以使自己和旁人在私人利益方面达到平等的最微细的项目。这就是这里要讨论的第三种理性，即自然的理性所要考虑的利益平等

(aequum bonum),法学家们把它称为自然平等(aequitas naturalis)〔326〕。这是人民大众所能懂得的唯一理性,因为只要涉及他们本身,他们就会关注到法律方面的一些最微细的考虑,只要是这种考虑是明摆着事实的案情所要求的。至于君主专政体制下,就要有少数擅长治理国政的专家在内阁中遇到紧急情况时,按照民政公道出谋划策,还要有许多擅长私法的司法人员按照自然公道去专为各族人民行使法律。

第三章　系定理:罗马法的基本历史

952　上文关于三种理性所已提出的原则可以作为一种基础来奠定罗马法的历史。因为统治的政府必须符合被统治者的自然本性,实际上政府正是由被统治者的自然本性产生出来的〔246ff〕。同理,法律也须符合各种政府形式而去实施。因此,就须按照各种政府的形式而去解释〔925ff〕。过去任何法学家或解释者好像都没有这样做过,他们都犯了叙述罗马事务的历史家们所已犯过的错误。这些历史家谈到罗马政体在不同的时期所颁布的法律,但是没有能指出这些法律和该政体所由表决的那种政府之间的关系,因此剥去了法律所由产生的自然必有的特殊的原因,只摆出了一些赤裸裸的事实,以致像让·波丹那样作为法学家和作为政治家都很博学的人〔1009ff〕竟争辩说,古罗马人在自由时期的典章制度被历史家们误认为由民众的政府创建的而实际上却是一种贵族政体的后果。本书已证明了,这是事实〔629ff〕。鉴于这个事实,就可以向美化罗马法律史者追问几个问题:早期老法学在实施十二铜版法之中为什么那样严格？而以执政官的敕令为凭的中期法学却开始运用理性的宽厚温和而同时仍尊重十二铜版法呢？毫不佯装重视十二铜版法的晚期法学为什么对自然平等观点却采取宽厚态度而加以宣扬呢？这些历史家们为着找出某种解释来作答，就提出对罗马人的宽宏态度颇失敬的看法，他们说，那些法律本身的严正，隆重条文拘泥细节，咬文嚼字以及保密的项目都是由于贵族们的诈骗，为着把法律掌握在自己手里，因为法律组成民政权力的大部分。

953　可是这些办法远不是什么诈骗，而是由他们固有的本性所产生的习俗，他们有什么样的本性，就通行什么样的习俗，产生什么样的政权，而这种政权就自然决定采用这些办法而不是其他因为原始人类极端野蛮的时代，宗教足以驯化他们的野蛮性〔177f〕，天神意旨就规定了人类须生活在神的政府下面〔925〕，到处流行的法律须是神的法律，也就是秘奥的，藏起来不让人民大众知道的法律〔586〕。氏族体制的法律自然就属于这一种，所以受到用隆重礼仪来表达的无声语言的保护〔999f〕。这种礼仪后来还保存在“法定手续”里，那些心思简单的人认为这种礼仪有必要，可以被一个人在利益交换中稳知另一个人的有效意愿〔929〕，而在今天凭我们心中自然智力，我们每个人都可以凭说出来的文字甚至凭简单的姿势就可以稳知另一个人的有效意愿。接着就出现了贵族体制的人道政府〔926〕，自然仍旧实行宗教的习俗，贵族们怀着宗教的虔诚仍旧保持法律的神秘和秘密（这种秘密就是贵族政体的精髓所在），宗教保证了严格遵守主要涉及贵族保证生存的那种民政公道的法律〔320，949f〕。后来出现了民众政体时代。

这种政体是自然而然地公开的，宽厚而且宽大的。因为由人民大众掌权，人民大众自然地懂得自然平等〔951〕。所谓凡俗的语言和文字（人民大众在这方面是些大师〔946〕），就以同样的速度发展起来了，他们自然就用这种凡俗的语言和文字陆续制定和书写法律，自然把过去保密的法律陆续加以分开。这就是滂波琉斯所叙述的罗马平民们不愿再要的那种保密法律（ius latens）的历史〔284〕。从此他们就坚持法律都要镌刻在碑版上，因为凡俗字母已从希腊输入罗马了〔763〕。依人类民政制度的发展次第，最后就为君主专政制度作好了准备，在这种政权中独裁的君主们想要按照自然平等因而符合人民大众的理解来施行法律，这样就可使强者和弱者在法律面前一律平等，这只有君主专政才能做到〔936，951〕。至于民政公道，或国家政权的理性，则只有少数擅长公众理性的人才懂得，而且凭它的永恒的特性，是放在内阁文件库里面保密的。

第十部分
三种裁判

第一章　第一种：神的裁判

954　有三种裁判（judgments）。

955　第一种是神的裁判。在所谓“自然体制”（即氏族体制）中，因为还没有依法律去统治的民政权威，氏族父主们就向神们陈述自己所遭到的冤屈（这就是 implorare deorum fidem 这一词组的最初的本义），祈求神们为自己的案件的公道作见证（这是 deos obtestari 的最初的本义），这种控诉和辩护是世界上最初的演说，取 oratio 这一词最初的本义，后来这个词在拉丁文里仍用作控诉或辩护。这种用法在普劳图斯和泰伦斯的喜剧作品里有很好的例证。十二铜版法也保留了两段重要的话〔1.6；8.16〕，也是很好的例证，其中 furto orare 和 pacto orare 就用作“告状”（agere）和抗议（excipere）的意思。从这些“演说”来的 oratores〔演说者〕在拉丁文里仍指在法庭上陈诉案件的人们。最初向神们的陈诉是由简单粗鲁的人们来进行的，他们相信神们会听到他们，他们想象神们住在山峰顶，正如荷马把神们摆在奥林匹斯峰上〔712〕，而塔西佗

〔《编年史》13.57〕则叙述到赫曼都里族(Hermunduri)和查提族(Chatti)之间的一场战争,说他们迷信要使住在山峰上的神们听清楚凡人的祈祷,只有在两族之间的那条界河上才行。

956　从这些神的裁判中获得的权利本身也就是些神,因为当时异教人民把一切制度都想象为神。例如Lar(家神)就代表这户人家户口的所有权,收容所的神就代表庇护权,父主神就代表父权,部落护神就代表婚姻权,界神就代表农场所有权。阴魂神就代表埋葬权。关于最后一个例子,十二铜版法里(实即西塞罗的《论法律》〔2.9.22〕里)还保存一个重要遗迹:ius deorum manium〔阴魂神的法律〕。

957　在这些演说(呼吁或祈求)之后,他们就进到对罪人处死刑。例如在希腊特别在阿哥斯(Argos)地区,有处死刑的神庙,被处死的人就叫做anathēmata,即我们所说的"被开除出教的人"。人们还发誓咒他们,把他们献给复仇女神作祭供,于是就把他们杀掉。(西徐亚人的习俗是把一把刀插进土里,把它作为神来向他祈祷,接着就用那把刀把罪人砍死。)这种处死刑拉丁人称之为mactare〔宰〕,这仍然是牺牲典礼中的一种宗教术语,西班牙文的matar〔杀〕,意大利文的ammazzare〔杀〕都出自这同一来源。在希腊人中间ara仍有"有害的身体","发誓","忿怒"这些意义,在拉丁人中间ara这个词有"祭坛"和"牺牲"两个意义。开除出教在一切民族都还以某种形式保存住了。恺撒大帝在《高卢战记》里〔6.13〕留下了关于高卢族处死典礼的一个详细的记录,禁火禁水在罗马人中间仍保留住〔610〕,这些处死刑方式,有许多也载入十二铜版法〔8.9f〕;例如谁要侵犯了一个平民护民官,就要被献给天帝约夫作祭供，一个不孝的儿子就被献给父主神作祭供，谁放火烧掉别人的粮食，就被献给谷神作祭供，活活的烧死〔1021〕。这种人理应就是普劳图斯所说的“塞探（地神）的祭供”〔191〕。可以看出神的惩罚方式的残酷性就像最残酷的巫婆们的一样〔190〕。

958　从涉及私人事务的这些裁判的办法，各族人民发展到进行所谓“纯洁的和虔诚的”战争，这种战争都说是为保卫“祭坛和家灶”的〔562〕，也就是为保卫公私两方面的民政制度，因为他们认为凡是人类制度都是神圣的。因此英雄时代的战争全是些宗教战争。而传令官们（使节）在送交宣战书时要从敌方城市请出天神们，把敌人供献给这些神作祭供〔550，1050〕。因此，战胜国罗马人把战败国的国王们献给罗马卡必托神宫山的天帝约夫，然后把他们杀死，其办法正如最初的不虔敬的狂暴的东道主处理最初的牺牲品一样，由其灶神在世界最初的祭坛（即灶）上献作牺牲〔549〕。投降的人们被认为没有神的人们，就像最初的家人（家奴）那样，因此奴隶们就被视为无生命的东西，在罗马人的语言里就叫做 mancipia（货物），在罗马法学里他们也被当作货物而不当作人来处理。

第二章　关于决斗和报复的系定理

959　在各民族的野蛮时代，神的裁判中有一种方式就是决斗，它理应从最早的神的政府之下就已开始，在英雄政体下还持续一段很长时期。关于后一种我们在“公理”部分曾从亚里士多德的《政治学》里举过一个很好的例子，他说这些古代政体不曾有法律来惩罚私人罪行或赔偿私人所受的损害〔269〕。直到现在，这话还没有人相信，由于学者们的讹见使他们误认为原始人民就已有所谓哲学智慧，而且误认为这是古人无比智慧的结果〔666〕。

960　确凿可凭的是在罗马人中间（涉及私人的一些禁令）都是到后来才采用而且只是由执政官采用的〔638〕。在后来的近代野蛮时期，私人报复一直继续到巴托路斯（Bartolus）时期〔1029，1054〕。这想必就是古罗马人的私人报复行动的情况，因为根据菲斯塔斯的解释，condicere 这个词的意思就是斥责或告发，和下通知。（例如一个家族父主须正式向以不正当的方式从他那里夺去本属于他的东西的那一方要求赔偿，以便进行报复行动。）这样一种斥责仍是采取私人行动中的一种例行程式。

961　但是决斗就已包含了真正的裁判，因为决斗都在争执对象当面进行，并没有正式申斥的必要。这种决斗就发展为 vindiciae（报复），这种报复是从不应占有而占有者那里夺取一块泥土，假装成使用武力的样子〔1032〕。奥路斯·盖留斯把它叫做一根谷草〔638〕（但是“报复”这个名称一定原来要用真正的武力），受害者把施害者拖到裁判人面前说，凭那块泥土，“凭罗马公民法，我宣布这个农场是我的”〔562〕。因此说决斗起于缺乏证据的人们是错误的，应该说缺乏法院的法律。因为确凿可凭的是丹麦国王弗罗陀（Frotho）曾下令要一切争执都要用决斗来解决，因此就禁止了用合法的裁判来解决。而且为着避免诉讼，伦巴德族人（Lombards）[①]、萨林族人（Salians）、英国人、勃艮第人、诺曼族人

① 指意大利本土的。——译者

(Normans),丹麦人和日耳曼人的法律都一样充满着决斗。因此,库雅斯(Cujas)[①]在《论决斗》里说,"基督教徒们长期用过这种洗罪办法,无论是在民法还是在刑法的案件里,一切争执都用决斗来解决"。从此就出现了这样一种情况,日耳曼的武士们就叫做"骑士",他们研究决斗术,每逢碰到可能的敌手就迫使他讲出真话,因为决斗可以有见证人,作为裁判人进行干预,这就会使决斗变成民法或刑法的裁判。

962　过去没有人相信原始的野蛮体制下就已运用决斗,因为没有留下决斗的记录。但是我们不理解荷马史诗中的巨人们,即被柏拉图认出就是在自然状态中的最早的民族父主们〔296〕,何以竟能忍受冤曲,还不消说何以竟显示出人道。亚里士多德〔269〕确实告诉过我们说,在最早的一些政体里,还不消说更早的氏族体制下,并没有法律来平反公民私人所受的冤曲或惩罚施害者。正如我们刚证明过古罗马政体下的情况确实如此〔960〕;所以亚里士多德还告诉过我们说,这是各野蛮民族的习俗,因为野蛮人在开始的时候,还不曾受到法律的驯化。

963　不过这种决斗毕竟留下了两个重大的遗迹,一个在希腊史里,另一个在罗马史里,都说明了古代各民族的战争一定是从受委曲的两方个人的私斗开始(拉丁人把这种战争就叫做 duella 决斗),尽管双方都是国王,双方在自己的民族面前,都想公开地辩护自己的罪行或报复对方。特洛伊战争确实就是以这种方式开始的,即先由墨涅劳斯和巴里斯两人决斗(前者是被侮辱的丈夫,后

① 库雅斯是16世纪法国的法学家。——译者

者是他的妻子海伦的诱骗者);等到决斗不分胜负时,希腊人和特洛伊人就互相战争。我们在上文已见到在拉丁区域里罗马人和阿尔巴人之间的战争也按照同样的习俗。这场战争以三个荷拉提族人(Horatii)和三个库里阿提族人(Curiatii)的决斗有效地达到了解决,因为库里阿提族的一个代表一定骗走了荷拉提族的一个未婚妻〔641〕。在这种凭武力裁判中权利是凭胜败的运气来衡量的。这是一种天意安排,其目的在于在各野蛮民族之中人们还不大会运用理性、不理解什么是权利的情况下,为着避免战祸的绵延,神的保佑与否会使人们的对正义与非正义庶可得到某种观念,正如异教人民看到圣徒约伯(Job)受到神的反对时也就鄙视约伯那样。在复归的野蛮时期,同样的原则酿成一种习俗,被打败的人就要被砍去手,尽管他原来的动机本是正当的。

964　从人民在私人事务方面所遵守的这种习俗中就涌现出伦理神学家们所称呼的战争的外在的公道,凭这种外在的公道各民族可以有把握地确守自己所管领的疆界〔350〕。就是按照这种方式,在氏族政体中预兆占卜就创建了父主们的父权,而且替他们准备了和保存住他们在英雄城市中的贵族统治,等到这些城市由贵族们和平民们分享时,就产生出自由的民众政体(如罗马史所公开叙述的),最后,凭武力胜负的运气,幸运的战胜者所获得胜利成果就得到合法化了。这一切只有一个唯一的根源,那就是一切民族生来就有的天意安排的概念,当他们看到善人遭殃而恶人得势时,还必须俯首听从这种天意安排。[①]

① 中国历史特别是小说中也曾有将领身先士卒与敌方将领进行决斗的事例。——译者

第三章　第二种:常规裁判

965　第二种裁判由于距起源于神的裁判还较近,都是按常规的裁判,在遵行中极端拘泥于文字程式,这一特点必然是承袭过去神的裁判来的〔953〕“宗教式的文字拘谨”(religio verborum)这个名称,正如神圣制度那样,普遍被看做连一个字母也不能更动的神圣程式,因此说到在实施古老公式:“谁要漏掉一个逗点也要败诉。”这就是英雄部落自然法,自然而然地由古罗马法所遵守的;它就是执政官的上谕(fari),是一句也不能更改的口谕,因此,执政官执法判案的那些日子就叫做降谕日(dies fasti)。“降谕”这种执法程式理应就是在英雄们都自称为神的时期的神的命令,因为当时只有英雄们才可以把执法看作降神谕〔449〕。因此,后来 Fatum① 这个词就用来指自然界事物产生的一些原因形成一种不可预测的系列(或次第),因为它就是神的安排。这也许可以说明意大利文动词 ordinare(命令),特别用在法律里,意义就是必须执行的命令〔M_{3-4}〕。

966　因为这样一种命令(涉及法院判决时就指一宗诉讼案件的隆重程式)曾对显要的辩护人荷累喜阿判定了残酷可耻的惩罚,连罗马两名执政官也无法赦免他,纵使他实在无罪。他向人民申诉,人民才赦免了他,如李维〔1.26.12〕在叙述中所说的,“毋宁说是出于对他英勇的敬仰而不是出于他的案情的法律依据”

① Fatum 在拉丁文中兼有“神谕”和“命运”两义。——译者

〔500〕。这种判决程序在阿喀琉斯时代是必要的，他就凭武力来权衡一切权利〔923〕，专凭强者的特性，如普劳图斯（在他的喜剧〔《金盘》260〕里）以他素有的绝妙语言所说的，“一个协议并不是协议，没有什么协议是协议”——也就是说，只要执行协议不符合他们的骄狂意愿，或他们自己不愿履行诺言。所以为着使他们不至争吵和残杀，天意就安排了使他们应自然而生地采取他们的一种公道概念，在正式文字程式中规定了他们有多少权利，他们就有多少权利。从此罗马法学的声誉以及我们的古代（即中世纪的）博士们的声誉全靠用这种文字程式来保障他们的委托人〔939〕。各英雄民族的这种自然法向普劳图斯的几部喜剧提供了情节，例如《波斯人》、《小迦太基人》，其中妓院老板们由于上了爱上他们的女奴的青年嫖客所设的诳骗圈套，很不公道地被那些青年骗去那些女奴，而老板们自己反而无辜地犯了违反某项法律文字程序的罪，不但不能起诉那骗子的欺骗，其中还有一个老板竟要替行骗的青年代付那女奴的身价费，另一个老板被另一个青年在无直接实据的情况下控告犯了盗窃罪而硬被索取罚款的一半，另一人为着怕定了奸污了另一人的女奴的罪状竟逃开了那个城市。这就是普劳图斯时代的自然公道体制下的裁判情况！

967　当时不仅人与人之间都自然而然地遵行这种拘守文字的法律，而且人们凭自己的本性，还猜想神们在他们发誓时也同样遵守这种法律。例如荷马就叙述过天后朱诺向天帝约夫发誓（天帝在发誓方面不仅是见证而且是裁判）说她不曾纵容海神掀起大风暴来和特洛伊人为敌，因为是睡神索摩斯（Somnus）作为她的中间人而采取行动的，天帝也居然对她的誓言感到满意。还有交通神麦库理乔扮成索西亚(Sosia)向真的索西亚发誓说“如果我骗你,就让麦库理反对索西亚吧”;我们很难相信普劳图斯在喜剧《安菲特理昂》(*Amphitryon*)〔392〕里有意要把神们拉进来向剧场听众教导怎样作伪来骗人。更难相信西庇阿和号称“罗马的苏格拉底”的利略[①]这两位最明哲的罗马共和国的君主,都曾和泰伦斯在写喜剧方面合作过;可是在《安竺若斯夫人》这部喜剧里〔728f〕竟把达巫斯(Davus)描绘为通过茂西斯(Mysis)的手把一个婴儿摆在西摩(Simo)的门前,以便他的主人碰到后问他那婴儿是怎样摆在那里的;他可以心安理得地不承认是他自己干的。

968　但是有一个事实可以成为严重的证据:在雅典这样一个由明智人们居住的城市里,听众听到欧里庇得斯的悲剧《希波吕托斯》里一段诗〔612〕里说“我的舌头发了誓,但是我的心却没有发誓”时都厌恶作呕,唧唧喳喳起来,因为他们自然主张“舌头既然是那样宣布的,就要照那样做”〔570,1031〕,如十二铜版法所规定的〔6.1a〕。阿伽门农曾轻率鲁莽地发过誓,要把他的无辜的虔诚的女儿伊斐琪尼亚作为祭供杀掉,他能找到什么理由来解脱自己呢?从此我们可以理解卢克莱修由于不信神就对阿伽门农这件事说出一句不敬神的话:“宗教竟能促成这样大的罪恶啊!”〔191〕

969　作为我们的论点的最后的论证,我们从罗马史和罗马法学里引两件确凿可凭的事实来补充:一件是罗马到很晚(共和)的时代嘉路斯·阿魁琉斯(Gallus Aquilius)才开始用诈骗诉讼案(action de dolo),另一件是奥古斯都大帝授权给法官们去审慎豁

---

① 西庇阿的好友。——译者

免因受骗而犯的罪。

970　由于对和平时期这种习俗看惯了，在战争中吃败仗的民族，依据投降条件，要受到惨痛的压迫，否则就是碰上好运气，嘲弄战胜者的忿怒。

971　迦太基族人所受到的命运就是痛苦的压迫。他们曾接受过罗马人的和约，规定罗马人要保留住迦太基人的生命、城市和生活资料。迦太基人把“城市”这个词理解为城市的建筑物，而这种意义的城市在拉丁文中却是 urbs，但罗马人在和约中原用了 civitas，这个词就指城市中的居民团体。所以在履行和约条件时，迦太基人受到的命令是他们应放弃他们的沿海和内陆的整个城市，他们拒绝服从，并且再拿起武器来保卫。罗马人于是就宣称他们为反叛，又拿下了迦太基城市，并且凭英雄时代的战争法律，野蛮地放火把迦太基城市烧光，这是迦太基人在订和约时所不曾理解到的；因为迦太基人在当时是早慧的，部分地由于非洲人生性就锐敏，部分地由于增长各民族智慧的海上贸易。但是罗马人并不因此就认为那场战争不公正，因为除掉只有少数人才认为罗马人进行非正义的战争是从攻打纽曼细阿那场战争开始，那场战争是由西庇阿结束的，一切人都同意罗马人进行非正义的战争是从攻打科林斯（Corinth）才开始的。

972　支持我们的论点的还有一个更好的凭证，是由复归的野蛮时期提供的。神圣罗马帝国皇帝康拉德三世（Conrad III）命令瓦因斯堡（Weinsberg）接受他制定的投降条约，因为瓦因斯堡的反抗是由和康拉德争帝位的敌人所煽动起的，他规定了只许妇女们携带她们所能驮在背上的东西离开这座城市；于是虔诚的瓦因斯

堡妇女们就背起他们的孩子、丈夫和父亲走出城市。打了胜仗的皇帝亲自站在城门外边，正当凯旋时，他如果顺自然倾向就会傲慢横蛮，可是他控制住忿怒（忿怒来自大人物是可怕的，特别引起他忿怒的是阻挠他获得或保住最高统治权的障碍物）。当时他指挥的军队都站在那里把刀举起，却按矛不动，准备用刀屠杀瓦因斯堡人，而这位皇帝却只是看着而且允许所有的人都由他身旁平安无事地走过去，这批人本来是他准备要用刀屠杀掉的。瞧，格罗特，塞尔敦和普芬道夫这几位法学家的凭已发展的人类理性所见到的那种自然法离开在一切时代和一切民族中自然流行的实况相差有多么远〔329〕！

973　以上我们所已提出的一切，加上以下我们还要说的一切都来自法律和契约中“真实”（true）和“确凿”（certain）这两个不同词的定义〔321，324〕，也来自这样一个事实：拘守文字去遵行的法律是特属于部落法的，在野蛮时代是自然的，正如宽厚的法律在人道的时代以利益平等的原因来衡量的情况也是自然的一样，这种法应正式称为“自然法”（fas naturae），是有理性的人类的不可改动的法律（这就是人类的真正的特有的本性）〔C_7，326ff〕。

第四章　第三种：人道的裁判

974　第三种裁判全是非常规的，在这种裁判中主要的考虑是事实的真相，根据良心的指使，法律在需要时对每件事给予帮助，只要它是各方事业的利益平等所要求的。这些裁判都充满着自然谦恭（这是理智的婴儿），所以受到信用（这是人道的女儿）的保障，这种裁判适合民众政体的公开性，尤其适合君主独裁政体的宽宏大量。在这种独裁政体下，君主们在这类裁判中以居于法律之上只服从上帝和自己的良心为荣。从在近代和平时期实施的这类裁判就产生出格罗特，塞尔敦和普芬道夫三位法学家的三种战时法律体系〔329〕。尼柯拉·康西拿(Nicola Concina)神父发现到这三种体系有许多错误和缺点，他自己又另构成一种体系，比起过去的三种体系较符合善良的哲学，对人类社会也较有用。他的这一体系是意大利的光荣。他现在仍在著名的帕都瓦大学里任教，除掉他的主科玄学以外，还在讲授他自己的法学体系①。

① 这位神父在学术上并不著名，因为他是神父，维柯恭维他的话显然在讨好天主教会。——译者

第十一部分

三段时期〔VIII〕

第一章　宗教的，拘泥细节的和文明的三段时期

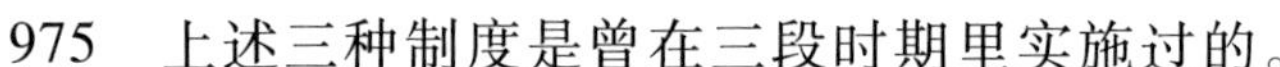

975　上述三种制度是曾在三段时期里实施过的。

976　第一段是宗教时期，上述制度是在神的政府之下遵守的〔919，925〕。

977　第二段是例如像阿喀琉斯那样拘泥细节的时期。在复归的野蛮时期，这第二段就是决斗者的时期〔920，667〕。

978　第三段是文明的或温和的时期，即乌尔宾在他用“ius naturale gentium humanarum”〔人道的部落自然法〕〔569，990〕这个词组里明白地称之为“人道的”时期。因此罗马皇帝下面的学者们称臣民的义务为 officium civile〔民政义务〕，而在解释法律中每种侵犯自然平等的行为就叫做 incivile〔非民政的〕。这是罗马法学的最后一段时期，是从民众自由时期开始的。因此行政官们为着要使法律适应现已改变的罗马本性，习俗和政府，首先就使十二铜版法的严厉和拘谨变得宽和些，因为十二铜版法是在罗马的英

雄时代制定的，在当时还是自然的，后来罗马皇帝们不得不揭去前此行政官们在法律上所蒙的一切障面纱，把自然平等揭示出来，显出符合现在各民族已习惯了的法律的公开性和宽宏大量〔952〕。

979　像我们可以看到的，法学家们因此都援用时期的分段来辩护他们对什么才是公道的看法。因为上述三段时期正是罗马法学的三段时期，在这一点上罗马人和世界上所有其他民族都是一致的；时期的分段是由天神意旨教给他们的，罗马法学家们把它定为部落自然法的原则；这种时间分段并不是哲学家们的那种时期划分，某些学问渊博的罗马法的解释者却硬把哲学家们的时间分段拉进部落自然法里来〔335〕。罗马皇帝们在对他们所制定的法律或敕令说明理由时都说指导他们的是当时他们所处的那一段时期，例如巴拿伯·布里逊（B. Brisson）在他的《罗马人的程式和礼仪》（*De formulis et solemnibus populi Romani verbis*）里所搜集的一些文件段落就可证明。因为时代的习俗就是君主们的学校〔247〕，塔西佗在运用"段落"，"时间"这个词于他自己的那个时期的衰败阶段〔《日耳曼尼亚志》19〕时说，"他们把行骗和受骗叫做那种时代的精神"，或者像我们现时所说的"风尚"（fashion）〔VIII〕。

第十二部分

从英雄贵族政体诸特征中所引来的其他证据

引论

980 像我们在各民族所经历的历史过程中所已看到的这种人类民政制度的经常的持久的有秩序的承袭,处在各种各样的原因和结果的坚强锁链之中的情况已应迫使我们的心智接受上述一些原则的真理了。但是为着不留怀疑的余地,我们还将补充一些对其他一些民政现象的说明,而这些现象只有靠上文已得到的关于英雄政体的发现才能说明〔582ff〕。

第一章 疆界的保卫

981 贵族政体有两个最大的永恒特征,即疆界的保卫和制度的保卫〔586,629〕。

982 疆界(confines)的保卫是在神的政府之下用血腥的宗教来开始遵行的〔925〕,由于当时有必要定出田地的界限,以便终止野兽状态中可耻的杂交乱占〔549f〕。在这些疆界上首先要划定的是家族的界限，其次是部落或氏族的界限，后来是各族人民的界限，最后才是民族国家的界限〔B_2〕。因此，如独眼巨人告诉过攸里赛斯的，巨人们都是各自分居的，每人带着妻子儿女住在自己独占的一个岩洞里，他们和旁人都互不干涉〔516〕，这样就还保留着前此起源于野兽的那些野蛮习惯，任何旁人闯进他们的界限内就被他们野蛮地屠杀掉，例如独眼巨人就曾企图杀死攸里赛斯和他的伙伴们。（在这种巨人身上，柏拉图认出了氏族政体下的父主们〔296〕。）这种情况就产生诸城市长期互相仇视的习俗〔637ff〕。这就足以说明罗马法学家霍莫格尼努斯所描绘的和平分地，而罗马法的一些解释者也信以为真而赞同的看法有多大真实性了〔550〕！我们的这门科学的题材从人类制度的这个最初的最古老的本原才开始，同时也才开始有学说来教导事物的种类如何划分以及如何获得这些事物所有权的问题。这种疆界的保障在贵族政体下是以自然的方式去执行的，如政治学者们所指出的，贵族政体是凭武力征服来奠定的。但是到了后来可耻的杂交乱占已停止了，各族人民的疆界也已划定好了，就出现了民众政体，而民众政体就为帝国的扩张作了准备，最后就出现君主独裁政体，这种政体对帝国的扩张甚至更有效。

983　这必然是唯一的理由可以说明十二铜版法为什么不承认单纯占领权，而凭时效获得财产所有权的法律在英雄时代就用来使自然的财产转移或交换获得宗教仪式化。这条法律的最好的解释者替它下的定义是：在前已获得的自然所有权之上，又加上民政性的所有权。但是到了后来民众享受自由的时代，行政官们就出来用禁令来帮助单纯占领，于是凭时效获得财产所有权的法律就开始成为 dominii adeptio〔所得财产管领权〕。当时关于占领的案件并不曾提出来要求裁判，因为行政官使用特权承认单纯的占领〔638〕。今天最确凿可凭的裁判就是关于所谓“财产占领”的裁判。

984　因此，到了民众自由时代，（1）“凭占领时效的”（bonitary），（2）“可据法申辩的”（quiritary），（3）“最有权势的”（optimal）和（4）“市民的”或“民政的”（civil）这四种所有制的区分已在逐渐消失，而在君主独裁政体下就已完全消失了。第一种原指自然的所有制，用长久占领物体的方式来保持。第二种原指可据法申辩的所有制，在平民中流行，这种所有制是贵族们在十二铜版法中曾推广到平民的，平民可以将原先把所有权交给他的那个贵族作为主权人（auctor）而向他申辩现在这种所有权已属于他平民自己了〔109，638，1073〕。第三种原指不受任何公方或私方妨害的所有权，原先是贵族父主们所特别享有的，直到户口普查制开始为止；户口普查制是民众自由体制的基础〔619ff〕。最后第四种所有权原指属于城市本身的集体所有权，今天就叫做支配权或征用权〔266〕。第二、第三两种所有权的分别在民众自由时期就已变得模糊了，所以最晚期的罗马法学家们就根本不理会它，但是在君主独裁下第一种凭占领时效的所有制（由单纯自然转让而产生的）和所谓可据法申辩的所有权（由转让或公民间交换而产生的）就由查士丁尼（Justinian）大帝在他所制定的法规里弄得很混淆了，而著名的“可转让律”〔《法典》7.25〕与“不可转让律”〔《法典》7.31〕的分别就已完全消失掉了。留存下来的只有民政所有权（指

的是可依申辩法构成诉讼案件的那种所有权）以及最适宜的所有权（指的是不受任何私方妨害的所有权）这两种了。

第二章　制度的保卫

985　制度（institutions）的保卫在神的时代起源于妒忌（即正式结婚的天后朱诺的妒忌〔511,513〕），其目的在确定诸氏族的确凿可凭性，防止野兽般的妇女公有杂交。这种警戒是贵族政体的一种自然特性，想把氏族关系，继承权，以及作为后来的财产和财产所带来的权力都保留在贵族阶层以内。因此，在各民族中间遗嘱法都出现很晚〔992〕。（塔西佗〔《日耳曼尼亚志》20〕说在古日耳曼人中间就不曾有遗嘱。）所以阿基斯（Agis）国王企图在斯巴达新创遗嘱法时，就被监察官们下令处绞刑，这些监察官就是斯巴达贵族自由权的保护人〔668〕。从此我们可以理解到十二铜版法的润色者们以多么大的明察力在第十一条第一款铜版法里规定了这样一条："平民不准有占卜权"——因为一切公私制度都要靠占卜权才建立起来，平民既不准有占卜权，贵族的一切制度就都保留在贵族阶层以内了。贵族私方的制度就是正式结婚权、父权、直接继承权、父系的继承权、部落继承权、合法继承权、遗嘱权和监护权〔110,598〕。由此可见，头几条铜版法既然把这些制度推广到平民了，因而也就奠定了特属于民众政体的法律，特别是遗嘱法〔513〕。他们接着又在第十一条铜版法中特设一条，禁止平民享有占卜权，使它还具有完全是贵族的形式。不过在这样把各种制度弄得很混乱之中，那些十二铜版法润色者却来了一个猜测，说在

最后两条铜版法里某些古代罗马习俗变成了法律。这虽是猜测，却是一句真话。这话证实了古罗马政权本来就具有贵族的性质。

986　现在回到本题。等到人类到处都由于婚姻正式化而定居下来之后，就出现了民众政体。再过一些时期之后，又出现了君主独裁政体。在这种政体中由于各民族的平民们已互相通婚和实行遗嘱式的继承，贵族的制度就弄得不稳了，于是财产就开始逐渐从贵族家庭转出去了。罗马平民们原先以自然的方式结婚，直到罗马年历第309年，他们才终于从元老们手里获得了举行正式结婚礼权，从前如罗马史所描绘的，平民处在下贱奴隶地位的穷苦状况时绝不允许和贵族通婚〔598〕。为了这一主要理由，我们在本书第一版中曾说过〔《全集》3.185〕，除非我们替罗马法学定出我们所定的这些原则，以往叙述过的罗马史就比希腊人的神话性的历史还更渺茫难稽！因为我们摸索不出希腊神话史的意义。但是我们发现已往的罗马史就违反了我们人类愿望本性的发展次第，竟告诉我们说，处在最下贱情况的平民在争取正式结婚权的斗争中，首先希冀的是贵族地位，接着在争取当执政官的斗争中就希冀荣誉地位，而最后才通过要求司祭权而希冀财富，而根据永恒的共同的民政本性，人们首先寻求的却是财富，其次是荣誉地位，最后才是贵族地位。

987　因此我们不得不说，当平民们凭十二铜版法（世界上第二次土地法〔109〕）从贵族们手里赢得了确凿可凭的土地所有权时，他们仍然是外方人〔638〕（因为这种土地所有权是可以授予外方人的）；他们凭经验认识到他们还不能凭遗嘱把他们的土地留给自己的亲属，因为他们还不能正式结婚，就没有直接继承人，父

系的或族属的;更不能用遗嘱方式处理土地,因为他们还不是公民〔110〕。没有理由对此感到奇怪,因为平民们原来缺乏足够的智力或是根本没有智力,明显的证据是富理(Furian)、佛科尼安(Voconian)和法尔什德(Falcidian)的三种法律都是由平民们普遍投票表决的。要把这三种法律都合在一起,才能凭第三种法尔什德法使平民所希冀的目的终于达到,这个目的就是使财产不会由遗产侵蚀掉。因为平民凭经验看到,〔在十二铜版法颁布之后〕三年之中他们之中因为有许多人死亡而人数减少,本来分配给他们的土地由于上述丧亡又归还到贵族们手里了。因此,他们就要求取得正式结婚权,并且因此就取得市民权。但是过去一些语法学者们被所有的政治学者们搅昏了头脑,这些政治学者们幻想罗马由罗慕路创建时起就已有今天城市中那种政体形式。他们不知道英雄时代城市中的平民们曾在几个世纪之中都被看作外来人,所以只能在他们外来人中以自然的方式结婚。……如果他们注意到这一点,他们当然就会理解到平民们并不曾要求和贵族们通婚的权利,而只要求原先只属于贵族的正式举行隆重婚礼权〔598〕。

988 因此,如果我们认为合法继承权是由十二铜版法规定的〔5.4–5〕,即认为家族父主死后就应由他的直接继承人们继承,在没有父系继承人又没有族属继承人的情况下,就由他的部落继承人继承〔B_4〕,那么,十二铜版法就会恰恰像罗马人的一种萨利型(Salic)的法律。这种法律也是由最早期的日耳曼人所执行的(因此我们也可以设想复归的野蛮时代其他原始民族也都是如此);最后,它在法兰西和萨瓦伊(Savoy)还保存住。巴尔杜斯(Baldus)把这种继承法称为 ius gentium gallorum〔高卢部落法〕

〔1077〕。这个看法对我们的论点也很有利。由此类推，关于父系和族属继承的罗马法也可以很正当地称为“罗马部落法”(ius gentium romanarum)，前面还应冠上 heroicarum〔英雄时代的〕，这就会恰恰是 ius quiritium romanorum〔罗马武装司祭法〕，我们前已提到过，这就是一切英雄部落都共同施行的自然法〔595〕。

989　我们在这里关于萨利型法律所说的话是就它排除妇女继承王位来说的。这像会受到而其实受不到“汤纳奎尔(Tanaquil)以一个女人而统治过罗马王国”这句古话的反驳。因为这句话是用英雄时代的语言来形容一个懦弱的国王，居然让自己受到玩弄阴谋的塞维斯·图利阿的控制。这个权臣曾利用平民们的爱戴，授给平民们第一次土地法〔107〕[①]。在复归的野蛮时代，这种英雄时代语言也复现了，教皇约翰八世也像汤纳奎尔一样被人呼为一个女人(亚拉契 Allacci 写过一整部书来反驳这种神话)，因为他显得太软弱，屈从了君士坦丁堡东教会大主教佛提乌斯，如巴罗尼阿(Baronio)和后来德·斯彭德(de Sponde)两人都指出过的。

990　既已解答了这一难点，我们现在可说，罗马人的武装司祭法以同样方式最初也是用来作为“英雄时代罗马部落自然法”的同义词〔988〕。乌尔宾在罗马皇帝时期替对当时自由〔民众政体〕尤其是君主独裁政体下流行的法律下定义时恰恰就是这样看的。他字斟句酌地把它称为“人道的部落自然法”〔569〕。有鉴于这一切，他在《法学阶梯》〔1.2〕里所用的名称“自然法”，“部落

① 关于汤纳奎尔是不是女人古史传说不一，维柯的看法是不经见的，说他是一个女人的显然是仇恨平民和土地法的贵族。——译者

法”和“民法”似乎就应读作“De iure naturali, gentium, et civili”〔民政方面的部落自然法〕……因为罗马人讨论法律时必然要联系到他们自己的法律，按照他们从农神时代即初创建法律时代，就已保存下来起初体现在风俗习惯里，后来才通过立法手续定下来的那种法律，正如瓦罗在他的伟大著作《人神制度稽古录》里把罗马各种制度都追溯到纯粹的本土根源，不和任何外来的东西混杂在一起那样〔364〕。

991　现在回到英雄时代各种继承方式问题。我们有许多强有力的理由来怀疑女儿们是排除妇女继承这条法律的例外，因为我们没有理由来相信英雄父主们有丝毫柔情，我们却有许多反面的重大理由。十二铜版法〔《法学阶梯》3.1.9；3.5.5〕把远到第七层的亲属还叫做父亲继承人。为着不让一个从奴隶地位解放出来的儿子来继承他的父亲，家族父主们对他们的儿女们操着生死大权，因此对他们的儿子们的所得财产施行粗暴的统治。他们替儿子们包办婚姻，以便把配得上他们门户的妇女引进自己家族里来。（这一点有动词 spondere 可以证明，这个动词的本义是代另一人许诺，因此订婚就叫做“代订婚”。）①他们还用看婚姻的同样眼光来看收养（adoptions），也把它当作一种手段用从收养的血统中能生育的儿子们来加强正在衰落的家族。罗马人把解放主奴关系当作一种谴责或惩罚。他们也没有“合法”这种观念，因为娶妾或同居只限于已解放的奴婢或外来人，在英雄时代不能和这类女人正式结婚，以免生下的子女从他们父主的贵族地位堕落下去〔526，

① 类似流行的汉语中的“包办”。——译者

802〕。誓约也可以凭最轻率的理由失效、废除，或破坏，没有效果，以便为合法继承扫清道路。罗马人竟这样自然地被他们的家族姓名的光辉弄得盲目，因而自然地为“罗马人”这个共同称号的光荣弄得发狂！这一切都是贵族政体亦即英雄政体中所特有的一些习俗，而且符合原始各族人民英雄体制下的一切特点〔670ff〕。

992　一个值得思索的问题就是美化十二铜版法的那些渊博学者们所犯的明显错误，他们竟声称十二铜版法是由雅典输入罗马的；他们认为前此罗马父主们临死对各种继承原来都不留遗嘱，当时这些要继承的财产或权利就都应归入 res nullius（无人管）之列，但是天意安排却正与此相反，为着不使这个世界又落到过去那种乱占杂交的可耻状况，天意安排了所有权的确凿可凭性就应由贵族政体本身加以保卫。所以人们在对遗嘱或誓约有任何观念之前，就必然已由原始各族人民自然而然地遵行过遗嘱或誓约。至于民众政体下，尤其在君主独裁政体下，遗嘱或誓约都是正当的，如塔西佗就明白地告诉过我们，在古日耳曼人中间就已遵行遗嘱或誓约。日耳曼人的办法使我们有理由设想一切原始野蛮民族的情况也都是如此〔985〕。这就是我们的设想的基础，这个设想就是萨利型法律在日耳曼确实是遵行过的，在复归的野蛮时也是由各民族普遍遵行的〔988〕。

993　不过晚期罗马的法学家们却凭他们自己的很晚的一些制度来估计他们还不知道的最早时期的一些制度，就造成了本书所指出的无数错误，例如他们相信十二铜版法〔5.4 条〕是指父主死前不曾留遗嘱情况下由家族中女儿们来继承，理由是条文中 suus heres（自己的继承人）之中，suus（自己的）这个词虽是阳性词，

也包括妇女在这条规则之内的。但是英雄时代的法学（我们在本书中就此所要说的话已很多）对法律中文字都取最严格的意义，所以 suus 这个词只能指家族中的儿子。关于遗腹子这种制度的法律条文〔M_1〕是在许多世纪之后才由嘉路斯·阿魁琉斯〔《法学汇编》28.2.29.pr.〕制定的，原话是“如果一个儿子或女儿出生在父亲死后”，为着避免只用 natus（出生）这个词会引起误解，就以为遗腹女儿也包括在内。由于查士丁尼大帝不懂得这些问题，他在《法学阶梯》〔3.2.3〕里说十二铜版法里用 adgnatus 这个词时原来既指男系亲属也指女系亲属，不过后来中期的法学把法律定得更严格，就把这个词限制到适用于同血统的姊妹们。实际发生的情况却恰与这种说法相反，suus（自己的）这个词起先一定是扩充到同家族的女儿们，而后来 adgnatus 才扩充到同血统的姊妹们，从此可见，这种法学是碰巧叫做“中期的”，可见仍很恰当，理由是从这些事例开始，它冲淡了十二铜版法的严谨规定，而前此的古代法学却极拘谨地保卫文词的本义。这两种法学在上文都已充分描述过了〔33ff,952〕。

994　但是等到最高主权从贵族转到人民手里之后，平民们凭子孙人口的多寡来估计他们的全部力量——财富和权势，于是血缘锁链所带来的温情就开始发生作用了。在此以前英雄城市的平民们不可能有这种温情，因为他们生儿养女是为贵族们当奴隶。贵族们确实吩咐他们生育应在春天，使生下来的婴儿们不仅健康而且茁壮。（像拉丁字义学家所告诉我们的，他们因此叫做 vernae①，

① 这个词兼有“春”、“奴仆”、“土生土长”等意义。——译者

土语叫做 vernacular,俗语,就是从这个词根来的〔443〕。)当时母亲们对自己养的儿女与其说爱还不如说恨,因为她们只忍痛受苦来育养儿女而不能从儿女那里得到任何欢乐或利益。但是平民们的人口众多一方面对贵族政体是危险的,贵族政体实际上是——而且也公开宣扬是少数人的财产;另一方面对于民主政体来说,人口众多却加强了它的伟大力量,特别是对君主独裁政体来说,更加强它的伟大力量(所以帝国时期所定的法律对妇女们特别有利,照顾到生孩子的危险和痛苦)。因此从民众自由时期起,执政官们开始考虑到血统权利,并且满足平民们的自然占领所有权的要求。他们还开始采取措施来补救遗嘱法的毛病和缺点,以便加速只有平民才欢迎的财富分散。

995　最后,出现了罗马皇帝们,他们厌恨贵族们的富丽排场,就努力提高贵族和平民有共同的人类权利。这是从奥古斯都大帝开始的,他曾尽全力来保卫托管制(从前凭托管制,财产不易转到无权继承的人们的手里,除非要托管的继承人肯凭良心不反对这样转),并且对托管制给以大力协助,以至在奥古斯都在他的一生中使托管制具有法律的强迫性,迫使继承人遵守〔《法学阶梯》2.23,25〕。接着来的许多元老院法令把母系亲属摆到和父系亲属同等的地位。最后查士丁尼大帝根本废除继承制和托管制的分别,……并且在生前未留遗嘱的继承权的问题方面,把母系亲属和父系亲属摆在完全同等的地位上。晚期的罗马法在便利最后遗嘱方面走得更远,古代可以凭最微弱的借口宣告遗嘱无效,而到现在,遗嘱就必须依有利于它的有效性来解释。

996　由于这个时期的人道(例如表现在民众政体对儿辈的

爱护，君主独裁政体关心父辈，对儿辈慈爱)，过去家族父主们原享有的对儿女人身的巨人式的威权现在也已消失了，罗马皇帝们就设法废除父主对儿女私人所得财产的威权，因此首先创制了 peculium castrense〔服军役中私人所得财产法〕来引诱青年人替帝国当兵打仗，接着就把这项法令扩充为 peculium quasi castrense〔类似服军役中私人所得财产法〕，最后为着满足既不当兵也不当司书的儿子们又创建了 peculium adventitium〔服务其他行业中私人所得财产法〕。皇帝们还从父权中消除对收养制的影响，使收养不限于少数近亲属。此外，还普遍地奖励正式收养(adrogationes)，这在过去很难办，因为有些公民自己本来就是家族父主，可以因被收养而成为旁人家族中的次要成员。皇帝们把解放奴役看作利益，他们使第二次结婚合法化，使它具有正式结婚的一切效力〔991〕。但是最重要的还在提防父权会削弱帝权，皇帝们就把父权(imperium paternum)改称 patria potestas(祖国威权)。这个称号符合皇帝们自己的范例，是由奥古斯都大帝本着大智慧来创定的，因为怕引起人民的妒忌，怕人民会想分享一部分帝权，他就亲自承担了护民官的权力(tribunicia potestas)。这样就宣告自己为罗马自由权的保卫者。在平民派的护民官们的身上，这种权力是实权，因为他们在共和时代还不曾握有帝权。事实上在奥古斯都自己的时代，拉比俄(Labeo)[①]被一位平民派的护民官下令召见，他作为两派罗马法学家中一派(共和派)的首领，有权拒绝服从这种召见

① 拉比俄，当时的法学家，主张共和制，所以反对奥古斯都。——译者

命令，因为平民们的护民官还不享有帝权。可是语法学家们，法学家们和政治学著作家们中都没有人看出：元老们反对把行政官职扩充到平民们，满足平民们而又不肯让出任何部分的帝权，就想出一个办法，添设了军事护民官的职位，其中有一些是贵族，也有一些是平民，像历史上经常称呼的 cum consulari potestate（作为有权力的行政官〔李维 4.6.7〕）而不作为享有帝权的行政官，我们从来没有见过享有帝权的行政官这种名称。

997　因此，自由的罗马政体是完全由元老院的威权，人民的最高统治权（或帝国政权）和平民护民官的权力这个三位一体的公式构成的。其中“帝国政权”和“权力”这两个词在法律中才保存原义的精确性；“帝国政权”授给首要的行政官们，例如执政官们（consuls）和掌军权的执政官们（praetors），包括判处死刑权；“权力”则授给次要的行政官们，例如公众建筑监督和警察们（aediles），只限于轻微的强制权。

998　最后，为着显示他们在人道面前的宽厚，罗马皇帝们开始对奴隶们表示恩惠，约束奴隶主们的残酷。公民权原来只授予对罗马人民立过功的卓越的外国人，现在却授予任何在罗马出生的人，哪怕是一个由奴隶父亲生的，只要母亲本来是自由的或经过解放的就行，因为人们在城市里生下来就是自由的。自然法过去叫做部落的或贵族的自然法（因为在英雄时代一切政体都是贵族性的，这种自然法是适合贵族们的〔990〕），而现在却叫做诸民族的自然法了〔E_8〕，这是在民众政体兴起以后（在民众政体里，全民族就是帝国政权的主人），更在君主独裁政体兴起以后（在这种政体里独裁的君主就代表他统治下的诸民族全体)[1]。

第三章　法律的保卫

999　制度的保卫包括对行政官职和司祭官职的保卫,因此也包括对法律和对解释法律的科学的保卫。因此,我们在罗马史里看到在贵族政体之下正式结婚权,行政官职权,司祭职权全都由元老院阶层独占(当时元老院阶层全由贵族们组成),而有关他们的法律的科学(或知识)都被视为神圣的,sacred 或保密的,secret(二者实际上是同义的),保密在最高司祭团里(只有元老们才有资格进最高司祭团),在英雄时代的一切其他民族中都是如此〔953〕。在罗马人中间,根据法学家滂波琉斯的记载〔586〕,这种情况维持到十二铜版法颁布之后一百年才结束。"人"(viri)这个名词在英雄时代罗马人中间和"hērоēs"(英雄)在希腊人中间意义是相同的,用来指经过正式结婚的丈夫们,行政官们,司祭们和法官们〔684〕。不过在这里我们将专谈法律的保卫,因为保卫法律是英雄时代贵族政体的一项专门任务,所以到最后才由元老们把它推广到平民们。

1000　在神的时代,法律的保卫受到小心翼翼的执行,以至遵守神的法律就叫做宗教〔953〕。以后所有的各届政府都使这种情况继续下去,它们使神的法律都应照神圣化的文字和隆重典礼的确定不可移动的程式去遵行。这种法律的保卫比其他一切都更能

① 从此可见,维柯理想中的君主独裁政体实际上是指罗马帝国政体。——译者

显出贵族政体的特征。雅典（以及几乎所有的希腊各城市都追随雅典的范例）很快地转入民众自由，理由就在于像斯巴达人（其政体是贵族型的）曾对雅典人说的那句话：在雅典，许多条法律都写下来了，在斯巴达，则法律很少，却得到遵守。

1001　在贵族政体下，罗马人是十二铜版法的谨严的保卫者〔952〕。塔西佗〔《编年史》3.27〕把十二铜版法称为全部公正法律的总汇，因为这些条法律被认为足以保证自由平等。这些条法律一定是在罗马十大执政官之后制定的。按照古代人用诗性文字来思维的方式，这些条法律就是由十大执政官命名的〔422〕。此后就没有或很少有私法方面的由行政官颁布的法令。由于这同一个理由，李维〔3.34.6〕把十二铜版法称为一切公正法律的泉源，因为十二铜版法必然是一切〔法律〕解释的依据〔500〕。罗马平民们和雅典人一样，每天都为单独案情通过一些新的法律，因为当时人们还不会想到共相①。贵族们的领导苏拉（Sulla）在击败平民们的领导马略（Marius）时，用设立常设法庭的办法多少补救了混乱局面，但是等到他一旦辞去了独裁职，应付单独案情的法律又日益增多起来，并不比从前少，如塔西佗所叙述的〔《编年史》3.27〕。如政治学著作家们所指出的，没有比用这样繁多的法律还有更快的达到君主独裁的办法，因此奥古斯都大帝为着要奠定君主独裁制，就制定了一大堆法律，而继任的皇帝们又利用元老院在私法方面制定了一些元老院指令，不过就连在这些民众自由时期，诉讼案件的法律程式都极严格地保卫住，以至要有克拉苏（西塞罗〔《布鲁

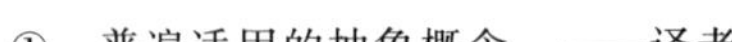

①　普遍适用的抽象概念。——译者

图》,36.138!〕称他为罗马的德谟斯提尼)的全副雄辩才能把一个小学生也能用代替词表达出的话解释为包含一种未表达出的凡俗的或寻常的代替词！而且西塞罗也尽了他的全部雄辩术,才能防止某甲侵占乙的一个农场,因为公文程式中漏去了“d”这一个字母〔见西塞罗的《为克辛娜(Caecina)辩护》18.53;13.38〕。最后事情竟达到这样地步,〔东罗马〕康斯坦丁大帝把这类法律程式完全废止了,使每一特殊案情都要按平等原则来处理,不拘守法律条文。在人道的政府下,人道的心智就这样愿意承认自然的平等公道〔927,940〕。例如,从罗马贵族政体所遵行的十二铜版法中“私人可作为例外的法律将不许倡议”〔9.1〕那一条开始,都弃置不用了。到了罗马民众自由政体下面就制定了许多仅适用于个别案情的法律。后来在君主独裁政体下情况就达到这样一种地步:皇帝们除授予特权以外什么事也不做。如果特权是按功行赏,那就没有其他措施比特权更符合自然平等公道了。说实在话,今天人们对法律所采取的一切例外都可以叫做特权,都由事实上有特殊功勋、可以不按照法律的一般处理方式来处理。

1002　因此,照我们看来,在野蛮时代复归那些粗陋的日子里,各民族都把罗马法忘到脑后了,甚至如果有人援罗马法来为自己辩护,在法国就会受到严厉的惩罚,在西班牙甚至受到死刑。在意大利,贵族们都认为依罗马法来调整自己的事务就是一种羞耻,宣扬他们自己只服从伦巴德人的法律。至于平民们摆脱旧习惯很慢,却仍旧遵行某些已成为习惯势力的罗马法。所以查士丁尼大帝的法典大全以及西罗马法律的其他丰碑在意大利却被我们遗忘掉了,至于大教堂和东罗马法律的其他丰碑也被希腊人遗忘掉了。

但是等到后来一些君主独裁政体再度产生出来了，民众自由体制也再度施行了，于是包括在查士丁尼大帝著作中的罗马法又得到普遍的接受，所以格罗特宣称罗马法现在就是欧洲的部落自然法了。

1003　罗马人的严肃和智慧很值得羡慕的地方就在于在上述那些法制变革中行政官们和法官们都尽一切力量保卫十二铜版法的文字程式，如果实在有必要就稍稍更动文字的原义，也以尽可能地动得愈少愈慢为好〔950ff〕。也许主要就是由于这个理由，罗马帝国才变得那样伟大，支持得那样长久；因为在它的法制变更中，它都尽一切努力来坚持法律的基本原则，而这些原则在世界各民族中都是共同的。一切政治理论家们都同意没有什么比这更好的政策能使一个国家既持久而又变得伟大。从此可见，使罗马人中间产生世界上最明智的法学的原因正是使罗马帝国成为世界上最伟大的帝国的原因。罗马之所以伟大的原因，波里比阿(Polybius)〔6.56.6ff〕在过于广泛的意义上归功于贵族们的宗教，而马基雅维里(Machiavelli)〔《论文集》1.4;2.1〕却与此相反，把它归功于平民派的宽宏大量，另外普鲁塔克则在他的《论罗马人的运气》里，则不肯称赞罗马人的德行和智慧，而把罗马的伟大归功于罗马人的运气，而塔索则在他的高明的《〔罗马对普鲁塔克的〕答复》里①用了和我们在本书中所用的不同的较间接的方式。

① 原著(1590年)见威尼斯版全集第13卷(1738年)274—315页；米兰版全集第5卷(1825年)3—79页。——英译者

第十三部分

第一章　从混合的政体中取来的其他一些证据（这种混合政体即下届政体在执行前届政体制度中对上届政体所作的调和或掺和）〔1084n〕

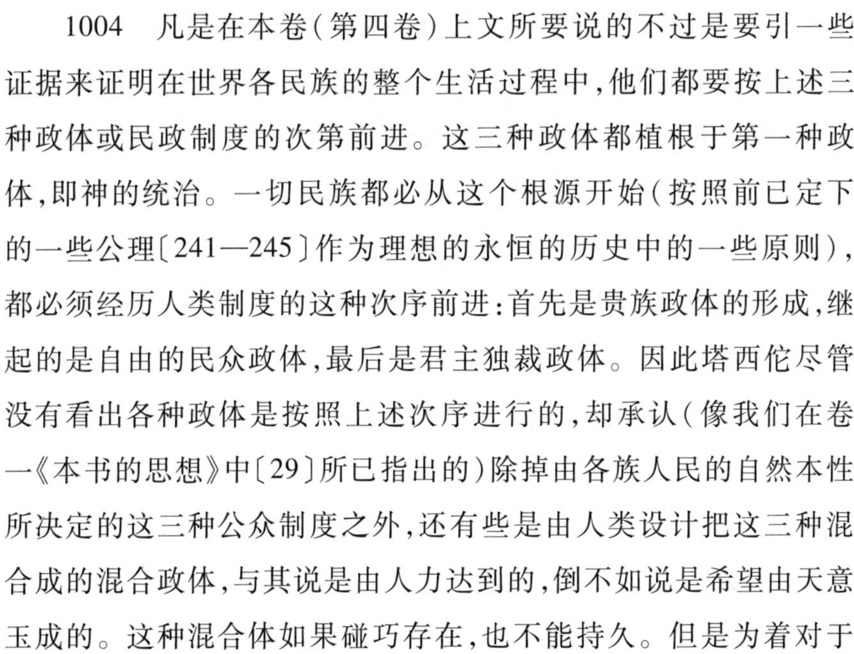

1004　凡是在本卷（第四卷）上文所要说的不过是要引一些证据来证明在世界各民族的整个生活过程中，他们都要按上述三种政体或民政制度的次第前进。这三种政体都植根于第一种政体，即神的统治。一切民族都必从这个根源开始（按照前已定下的一些公理〔241—245〕作为理想的永恒的历史中的一些原则），都必须经历人类制度的这种次序前进：首先是贵族政体的形成，继起的是自由的民众政体，最后是君主独裁政体。因此塔西佗尽管没有看出各种政体是按照上述次序进行的，却承认（像我们在卷一《本书的思想》中〔29〕所已指出的）除掉由各族人民的自然本性所决定的这三种公众制度之外，还有些是由人类设计把这三种混合成的混合政体，与其说是由人力达到的，倒不如说是希望由天意玉成的。这种混合体如果碰巧存在，也不能持久。但是为着对于上述三种政体的或民政法律体系的自然的沿袭次序不留任何怀疑余地，我们将会看到这种沿袭次序容许有些自然的混合，不是形式与形式的混合[①]（因为这种混合会成为怪物），而是后一届的形式（例如民主政体）与前一届执行方式（例如贵族政体）的混合。这类混合体的根据是上述〔249〕条公理：人们进行改变时，还不免要把前一阶段的习俗影响保存一些时候。

1005　因此我们说，最初的氏族父主们在从野兽般生活转到人类生活之中，在宗教时代神的统治之下的自然状态中，还保留着最近起源时的那种野蛮凶残的习性，因此柏拉图从荷马所描写的巨人们身上认出世界上最初的氏族父主们〔296〕；同样，在最初的贵族政体形成中，氏族父主们仍旧把私人对氏族的最高权完全抓在手里不放，还像以前在自然状态中一样。由于他们都极骄傲，都是平等的氏族父主，没有理由使这个父主屈从另一个父主，在贵族体制下他们服从的还是他们自己这个统治阶层的公方最高主权。因此，每一氏族父主私方的最高统治权就组成了高一层的元老院的公方的统治权，正如用他们对各自家族的私方主权来组成他们贵族阶层的民政的一些最高统治权一样。不可能有其他方式来设想城市如何由一些氏族来组成。所以城市必然作为贵族政体产生出来，加上诸氏族（私方）主权的自然混合〔584ff〕。

1006　父主们把所有权保持在自己贵族阶层内能有多久，贵族统治的政体也就能维持到多久，直到英雄民族中平民们从父主们自己手里获得了关于某种土地所有权，正式结婚权，最高政府职

① 例如贵族政体与平民政体两种形式的混合。——译者

权和司祭职权的各项法律,从而把法律的知识都扩充到平民手里来了。但是一等到英雄城市中平民们人口增多了,习惯于战争了(这就使氏族父主们惊慌起来了,在寡头政体中他们人数一定很少),平民们有实力(人口的实力)在自己一边,就开始不顾元老院的权威,自己制定起法律来了,这时政体就由贵族式变成民众式了。因为没有哪种政体能设想单独地存在片刻时间,只要同时还存在两种最高立法权,而不分别所应颁布的法律是应付哪类问题,时期和疆域。因此独裁者斐罗(Philo)就用巴布利阿斯法律(土地法)宣布了此后罗马政体已变成民众性的了〔112〕。在这场革命中,为着使所有权还可保留改革前的某些形式,于是所有权自然就变成监护权(正如父主们对未成年子女所享有的主权在父主本人死后就以监护权的形式转到旁人手里去了)。凭这种监护权,自由的人民,自己主权的主人,仿佛就是些掌权的监护人,由于在公务计谋方面还很薄弱,自然就服从他们的监护人即参议员们去行使职权。因此,在性质上这种政体是自由政体,在行使职权的方式上还是贵族式的。但是等到民众政体下一些强人凭私人权力的利害计较去执行公众事务时,自由的人民也为私人利益计算,让自己受掌权的强人们的诱骗,让自己的公众自由权受制于掌权的强人们,于是派系斗争,暴动叛变,内战就接踵而起,对他们的国家本身成了致命伤,于是君主独裁的政体形式就应运而起了。

第二章　凭一条永恒的自然的王法，各民族开始安息在君主独裁政体下

1007　君主独裁制是按照一种永恒的自然的王法来创建的，凡是承认奥古斯都大帝为罗马君主独裁政体创建人的一切民族都感觉到这种王法，但是过去解释罗马法的学者们都不曾注意到这种王法，因为他们都专心致志地在研究护民官法（Tribonian）那种“王法”神话。奥古斯都大帝在《法学阶梯》里（1.2.6）公开宣扬他自己就是这种护民官王法的创建人，而在《法学汇编》中一个地方却把这种“王法”归功于乌尔宾〔1.4.1.pr.〕。不过熟悉部落自然法的罗马法官们还是知道得很清楚。滂波琉斯（Pomponius）在他的罗马法简史里〔《法学汇编》1.2.2.11〕讨论我们所说的“王法”时，字斟句酌地把它描绘为“当制度本身裁决要王国时，王国就创建起来了”〔584〕。

1008　这种自然的王法是在永恒利益这条原则公式之下构思出来的：既然在自由政体之下所有的人都寻求他们自己的私方利益，他们就不惜冒民族危亡的风险，迫使他们的公方的武装力量来为私方利益服务；为着挽救民族于危亡，必然要有某一单独的个人起来，奥古斯都大帝在罗马就是这样起来的。他就凭武装力量把一切公众关心的事项都独揽在他自己手里，然后让他的臣民照管他们的私方事务，外加上独裁君主可以信托给臣民去办的那么多的和那些种类的公方事务交给他们去办。这样人民就得到了拯救，否则他们就会自陷于灭亡。近代法律教授们都一致承认这条

真理,他们说,“在国王之下,集团就作私人看待”,因为公民中大多数人不再关心公方事务。塔西佗是对部落自然法最渊博的一位学者,他在《编年史》里〔1.4〕就指出上述真理在历届恺撒家族本身中就按照下列人类民政思想的次第实现:当奥古斯都大帝命在垂危时,“少数人在空谈自由的幸福”,等到提比略上台了,“一切人都看着皇帝的命令行事”,到继任的三届恺撒时,首先出现的是incuria(漠不关心),最后便是ignorantia reipublicae tanquam alienae(对政治好像外来人的事一样茫然无知)〔《历史》1.1〕。由此可见,因为公民们在自己的祖国里却变成了外来人,就有必要由独裁君主们以自己的人身来撑持和代表这样的公民们。现在在一种自由的政体里,如果一个强有力的人成了独裁君主,人民就必须站在他那一边,因此独裁君主制按本性是以民众的方式来管理国事的:首先凭独裁君主们设法使臣民都有一律平等的法律,其次是凭君主独裁制的特性,君主们须迫使强者屈服,从而保障人民大众的安全,不遭受强者的压迫;此外,君主独裁制还另有一种特性:使人民大众在生活必需品的供应以及享受自然的自由权方面都感到心满意足;最后还靠君主们授予一些整个阶级的特权〔1001〕(叫做自由的特权)或是授予某些有特殊功勋的特殊人物以特殊的民政荣誉(这是凭自然平等所决定的一些单独法律)。因此,君主独裁制是理性充分发达时最能适应人性的一种政府形式〔292,924,927〕。

第三章　对让·波丹体系所代表的一套政治理论原则的反驳

1009　现在从上文一直到此已提出的那番话的角度，来看让·波丹(J. Bodin)的政治学说究竟有多少科学的根据。这种学说把各种民政制度沿袭的次第摆成这样：它们首先是君主独裁的，然后经过一个暴君统治阶段，就变成自由的和民众的，最后就变成贵族专政的〔663〕。我们在这里可以心满意足地感到：我们特别在本卷(第四卷)中用无数证据所奠定的各种政体形式相继承的自然次序已把让·波丹彻底驳倒了。但是我们还乐意补充一种反驳，就根据他自己的立场论点内部的一些荒谬不近情理的地方。

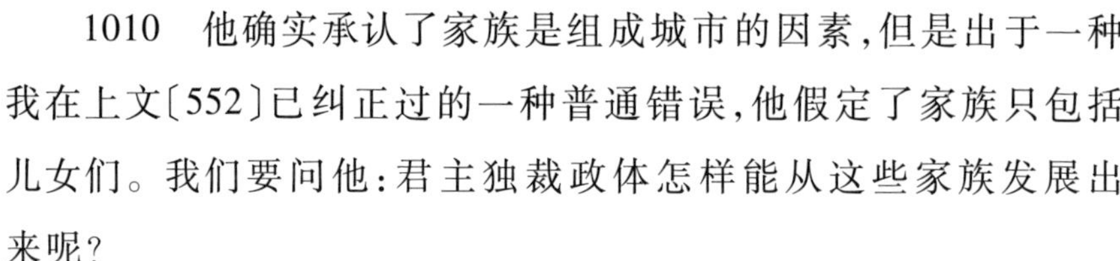

1010　他确实承认了家族是组成城市的因素，但是出于一种我在上文〔552〕已纠正过的一种普通错误，他假定了家族只包括儿女们。我们要问他：君主独裁政体怎样能从这些家族发展出来呢？

1011　有两种可能，凭武力或凭欺骗。

1012　但是某一个家族父主怎样能凭武力，来把其他家族父主都降伏下来呢？因为在自由民众政体(据波丹说，这是出现在暴君专政之后的)下，如果家族父主们把他们自己和家族们都奉献给祖国，为着把他们的家族都保存住(据波丹的看法，这些父主们在君主独裁政体下已受到驯服了)，我们是否要假设那些家族父系是些巨人，刚刚脱离原来的野蛮的兽性的自由，他们就甘心让自己和自己的全家族都被人杀光，宁愿忍受这种不平等？〔584〕

1013　其次，凭欺骗吧！欺骗是存心要在自由政体下用来向一批人诈取自由、势力或财富的，但是说到自由，在氏族体制下，父主们都同样是些最高权威，就无自由可言。说到凭势力吧！但是巨人们按本性就分居在一些岩洞里，各照管各的家族，毫不关心其他家族的事务，这是符合他们的野蛮根源习惯的。至于财富，在当时那种简陋的省吃俭用的生活中就简直毫无意义〔516〕。

1014　此外，如果我们再补充一个事实；在最原始的野蛮时代并没有堡寨。据我们从修昔底德的记载〔76,645〕中知道的，由一些氏族组成的城市长久没有围墙。上文还提过，英雄贵族体制下人们对政权心怀压倒一切的妒忌，所以发利略·巴布理科拉(Valerius Publicola)[①]由于在高地建筑了一座住房，就被人猜疑到他要实行暴君专政；他为着表明民主心迹，一夜之间就把住房撤掉，第二天就召集群众会议，叫他的侍从官把执政官的法斧棒[②]摆在人民的脚下〔李维 2.7〕。让城市不要围墙的习俗在最野蛮的民族中也保持得最长久；例如我们从记载中得知在日耳曼"猎禽人"亨利(Henry)是把原先散居各村庄的人民迁居到城市里，并且筑起墙来把城市围起的第一个国王。据拉丁语义学家们说，porta〔城墙门〕这个词来自原先城市创建人提起犁头来画出城墙和城门那个动作(用犁来标志城门所在)〔550,778〕。例如西班牙宫廷在野蛮时代的野蛮习性和宫殿不安全的双重迫害之下，在六十年之内就有八十个以上王室血统成员被人杀死。因此，在罗马教会

① 传说中的"人民之友"，推翻了塔魁尼族暴君专政。——译者

② 一束棒中捆着一个斧头，象征执政官的权力，即"法西斯"这个词的起源。——译者

中最早的一次伊利波里丹宗教会议中，长老们就以正式的逐出教籍来惩罚这种经常出现凶杀行为。

1015　但是如果我们设想家族仅包括亲生儿女，波丹学说的困难就多至无限了。因为在这种情况下，无论是凭武力还是凭欺骗，这些儿女都必然成了其他家族的野心的工具，背叛而且杀害自己的父主。这样一来，原始政权就不会是君主独裁而是不虔敬的凶恶的暴君专政。但是罗马青年贵族们确曾合谋叛变，替暴君塔魁尼阿斯反对他们自己的父主们，那是因为他们仇恨贵族政体所特有的苛酷的法律（正如宽厚的法律是民众政体所特有的，仁慈的法律是合法的君主独裁政体所特有的，而邪恶的法律则是暴君专政所特有的），这些青年叛变者要试一试和这种苛酷法律较量一下，就牺牲了自己的性命。布鲁图[①]的两个儿子都参加了叛变者的行列，都被砍掉了头，就是他们自己的父亲这样苛酷地判处了他们的死刑。从此可见，当时罗马政体多么恪守君主独裁而布鲁图在罗马奠定的自由多么受到群众欢迎〔662ff〕。[②]

1016　面对着这样多和这样严重的困难，波丹（以及和他一起的一切其他政治学著作家们）就应该承认：在氏族制下的氏族君主专政确如本书所显示出的，并且承认氏族不仅包括亲生儿女而且还包括 famuli（“家人”即家奴），家族（family）这个名称就首先从这个词派生的。我们已经见过，这些“家人”就是城市已经成立之后，由于战争的结果，当了战俘的那种奴隶的前身〔556〕。这

① 贵族政体下两个执政之一。——译者

② 这是波丹的看法，维柯认为当时还是贵族专政，所以竭力反对。——译者

样看来,自由人和奴隶都是各种政体中的因素,如波丹所说的,但是根据波丹的前提,他们就不可能是这样。

1017　由于波丹把自由人和奴隶都看成各种政体的因素这种前提所造成的上述困难,他自己就感到惊讶,为什么他自己那一族人民(法国人)会曾经叫做 Franks(法兰克人或自由人)[①],而在最早的时期,如波丹所看到的,他们却受到出身卑贱的奴隶们的待遇。从他的立场来说,这是因为他不懂得当初各民族是由"债务奴役法"〔658〕解放出来的那些原是奴隶的人们才推进到完成阶段的。因此,引起波丹惊讶的法兰克人正如霍特曼(Hotman)也惊讶过为什么〔在复归的野蛮时期〕乡村农奴们也称为 homines〔人们〕一样〔437〕,这些人,我们在本书中已证明过,就是英雄时代各民族中平民们所由组成的〔597〕。我们还证明过,就是这些人民大众把贵族政体先变成民众自由政体,最后又变成君主独裁政体〔1006〕。他们这样变,是凭头两种政体的政法制度所由构思成的那种村俗语言〔953〕。因此,拉丁人就把这种村俗语言叫做 vernacular,也叫做"土语"或"俗语",因为它原是家生的奴隶们的语言,这种家生的奴隶不同于在战争中捕来的战俘那种奴隶,verna〔土生土长的〕的意义就在此。我们在上文还证明过,从家族政权时代起,这种土生土长的奴隶在所有的古代民族中都存在过〔443,994〕。由于同样的理由,希腊人放弃了原先的亚加亚人这个名称(荷马史诗中就称英雄们为亚加亚人的儿子们)而改用 Hellenes〔赫伦人〕,这个名称是从赫伦(Hellen)来的。这位女神创

① Franks,原义是被解放了的奴隶,是近代法国人的祖先。——译者

建了希腊土语〔643〕；正如以色列的子孙们后来放弃了以色列人这个最早的名称而改称希伯来人（Hebrew），希伯来这个词是从希博（Heber）派生的，犹太长老们曾宣称希博是神圣语言的传播者〔F_7〕。我们在本书全部——特别引罗马史为证所已清楚地证明了的最光辉的真理竟被波丹和一切其他政治理论著作家们理解成那样！这个最光辉的真理就是：人民中的平民们，经常地而且在一切民族里都把政法制度从贵族制变革成为民众制的，然后又把它从民众制变革成为君主独裁制的，而且通过土俗语言的创建（如上文论各种语言的来源〔443〕时所已充分证明的），这些土俗语言就把自己的名词授给整个民族，如我们刚才看到的，古代法兰克人就是以这种方式把他们的名称转给近代法兰西人的。

1018　最后，如用目前的经验来检验。现在贵族政体已极少了，都是些野蛮时代的遗迹，例如意大利有威尼斯，热那亚和路卡（Lucca），在达尔马提亚[①]有拉顾萨，在日耳曼有纽伦堡。其余则有些在政体上是民众的而在行政管理上仍是贵族式的。因此，波丹由于他的理论迫使他坚持罗马王国已是君主独裁，等到暴君们被放逐，罗马才初次采用民众自由政体的那种学说，他在罗马的最初期找不到他的原则所要求的那些效果（因为实际的效果却是贵族专政体制所特有的）；为着逃脱困难，他就首先说罗马王国在政体上就已是民众的，而在行政管理方式上却是贵族的；而后来他禁不住真理力量的压迫，在另一段中又明白地自相矛盾地说，当时罗马王国在政体上和在行政管理方式上都是贵族专政式的〔663〕。

① 在今南斯拉夫。——译者

1019　政治理论中这些错误都起于对“人民”、“王国”和“自由”这三个名词未能下出正确的定义〔105,666〕,例如人们认为最初的各族人民都是由平民公民和贵族公民在一起组成的,而我们已用无数证据证明了当时只有贵族才是人民〔597〕。人们认为古罗马的自由就已是民众的自由,即指人民不受贵族干扰的自由,而我们却发现到当时只有贵族的自由,即贵族们不受塔魁尼族暴君干扰的自由,为杀掉这种暴君的人们立像纪念,因为他们是按照元老院的命令行事的。国王们在各原始民族的野蛮习性和宫殿不安全的情况下〔1014〕都是贵族式的,例如斯巴达的两位任期终身的国王,后来罗马的两位任期一年的行政官,西塞罗在他的《论法律》里就把他们称为任期一年的两位国王。这种制度是由布鲁图创始的,如李维明确地说过的,就王权方面来说,这种制度并没有在罗马王国里造成什么变更。我们前已看到,这两位任期一年的国王在任职期内仍要向人民呼吁求助,到任期满时仍要向人民报告一次他们的执政情况〔664〕。我们还提到在英雄时代,一位国王把另一位国王推下宝座放逐出去,是每天可遇到的事,如修昔底德所记载的。我们前已指出,在这一点上复归的野蛮时代情况也很类似,我们在记载中所见到的是没有什么比王国的命运更幻变无常。我们反复思量过塔西佗在《编年史》里那句开宗明义的话,他选出确切而有力的词说:“罗马城在开始是一直把持在国王们手里的”(Urbem Roman principio reges habuere)。法学家们把所有权分为三级,所用的动词是habere〔把持〕tenere〔掌握〕和possidere〔占领〕〔645〕,塔西佗用了habere〔把持〕,是属于最低一级的。“城市”这个词他用了urbem,这个词,严格地说,只指城市建筑物,

用意只指物质的占领,他不用 civitatem,这个词才指城市公民团体,全部或大多数公民在精神上组成公众政法制度。

第十四部分

证实各民族历程的最后一批证据

第一章　刑罚、战争、数目的次序

1020　在本科学的一些原则中还举出结果符合原因的许多其他事例，都足以证实诸民族生活的自然过程。我们在一些分散的段落里已指出这些事例的大部分，但是不曾顺序排列。现在我们将把这些例证搜在一起，按人类民政制度的自然承续的次序把它们排列起来。

1021　举刑罚为例。在氏族时代，各种刑罚都带有巨人们的残酷性：就是在这种氏族情况下马西雅斯（Marsyas）被亚波罗活剥了皮①。在贵族政体下刑罚仍然是残酷的；例如柏修斯（Perseus）的盾牌使一切看到它的人们都变成顽石〔423〕。希腊人把刑罚称为 paradeigmata，意义和拉丁人所称呼的 exampla（范例或示范）相同，也就是示范性的惩罚〔501〕。到了复归的野蛮时期，我们前已提过，死刑都叫做常规的刑罚。斯巴达（我们已用无数证据来证

① 在音乐比赛中前者被后者击败了。——译者

明斯巴达行的是贵族专政体制）的刑法也是如此。柏拉图〔《法律篇》,635B〕和亚里士多德〔《政治学》,1324 b8〕都断定斯巴达法律是野蛮的,那种法律要求把显赫的国王亚基斯(Agis)处绞刑〔668,985〕。在罗马还是一个贵族专政的政体时,它的法律就要把高贵的凯旋回朝的荷累喜阿(Horatius)全身剥光,用棍棒鞭打之后再挂到一棵倒霉的树上吊死〔500〕。[①] 按照十二铜版法,凡是放火烧旁人粮食的人就判处用火烧死的刑罚〔8.10〕,做假见证的人就被从塔迫岩顶上抛下去〔8.23〕,欠债不还的人就要活活地被分尸〔3.5f;957〕。凭最后提到的这项刑罚,图路斯·霍斯提略没有饶恕过和他地位同等的阿尔巴国王梅提阿斯·夫费特(M. Fufetius),因为他没有遵守联盟的誓约;而在此以前罗马国王罗慕路本人就被元老们分尸,只因为他有叛国的嫌疑。这就足以证明那些争执在罗马并不曾用过这种酷刑的说法多么无稽了。

1022　后来由人民大众执政的政体之下所用的却是温和的刑罚,人民大众是由弱者们组成的,自然地倾向于怜悯。用李维的文雅词句来说〔966〕,罗马人民处理荷累喜阿的案情,与其说是凭公道,倒不如说是凭他们对他的英勇的敬仰。例如在他因为他看到亲妹妹在公众庆幸好运道时却号啕大哭,就义愤填膺,顿时把她杀死,他因此被判死刑,罗马人民居然豁免了他的死罪,正如柏拉图(《法律篇》〔653〕)和亚里士多德(《政治学》〔1324 b〕)在雅典自由时期都谴责过斯巴达的〔苛刻〕法律。而在罗马民众自由的温

① 他的妹妹和敌方首脑订过婚,看到情人被打死,放声大哭,他的胞兄认为她同情敌方,就把她砍死。这是犯弑亲罪,理应处死刑,而罗马人却宽恕了他,因为他在战争中杀死了敌人。——译者

和时期，西塞罗也抗议对一位处在私人地位的罗马骑士拉比吕斯（Rabirius）被控诉犯叛国罪而判处死刑的残酷无人道（见西塞罗的《为被控诉为叛国的拉比吕斯[1]辩护》〔3.10;4.13〕）。最后到了君主独裁时期，亲王们[2]就乐于得到"Clement"〔仁慈〕这个惬意的头衔[3]。

1023　其次，英雄时代的野蛮战争对被征服的城市就意味着灭亡，投降的敌人就成了成群的服苦役者，分散到乡村去替战胜者耕地，这些服苦役者就是英雄时代的内陆殖民〔595〕，接着就是民众政体的宽宏大量，只要投降者受制于他们的元老院，罗马人就采用被征服民族原有的英雄时代部落法，让他自由享受乌尔宾所称呼的人道的部落自然法〔569，990〕。随着征服的扩张，凡是后来称为"罗马民政特权"（civium romanorum）的全部政法制度都只适用于罗马公民，其中有正式结婚权、父权、直接继承权（父系的或族系的）权势者的或公民的所有权、转让权、凭占领时效的财产权、契约权、遗嘱权、托管权和继承权〔110〕。在被征服之前各自由民族当然享有这些权利作为他们自己的民政制度中的项目〔582〕。最后出现了君主独裁政体，例如在安东尼庇乌斯〔即卡拉卡拉〕的统治下，罗马皇帝就谋求把整个罗马世界变成为一个罗马。因为伟大的独裁君主们有一个显出他们的特征的誓言，要把

① 拉比吕斯是一位元老院成员，在公元前 63 年曾被控诉在公元前 100 年——即在被控诉之前约四十年曾处死一位护民官。控诉人就是恺撒本人，因为怕元老院动兵反对平民派，在这个案件第二审中，西塞罗是被告人的辩护律师。——译者

② 指元老们。——译者

③ 证明君主独裁下刑罚宽大。——译者

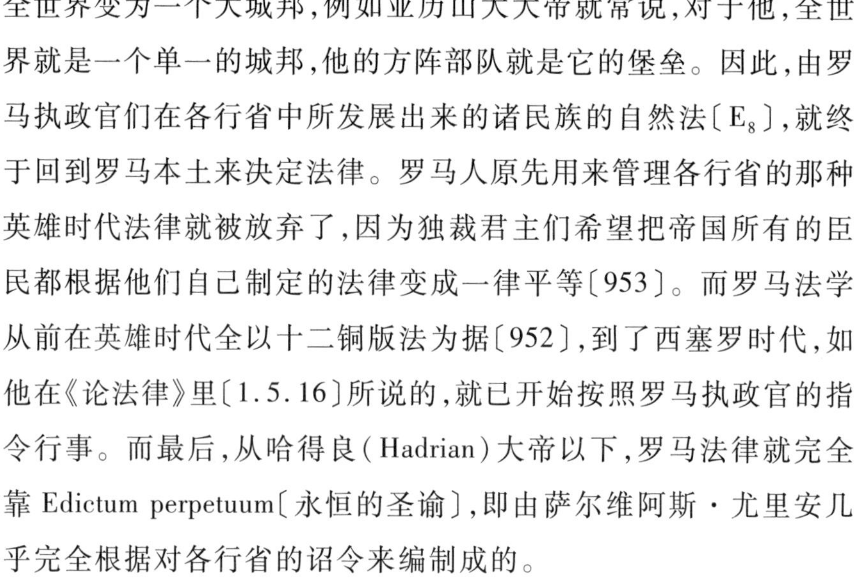

全世界变为一个大城邦，例如亚历山大大帝就常说，对于他，全世界就是一个单一的城邦，他的方阵部队就是它的堡垒。因此，由罗马执政官们在各行省中所发展出来的诸民族的自然法〔E_8〕，就终于回到罗马本土来决定法律。罗马人原先用来管理各行省的那种英雄时代法律就被放弃了，因为独裁君主们希望把帝国所有的臣民都根据他们自己制定的法律变成一律平等〔953〕。而罗马法学从前在英雄时代全以十二铜版法为据〔952〕，到了西塞罗时代，如他在《论法律》里〔1.5.16〕所说的，就已开始按照罗马执政官的指令行事。而最后，从哈得良（Hadrian）大帝以下，罗马法律就完全靠 Edictum perpetuum〔永恒的圣谕〕，即由萨尔维阿斯·尤里安几乎完全根据对各行省的诏令来编制成的。

1024　从可以由一些贵族政体治理得很好的罗马本身的一些小区域，通过征服所取得的扩张，就倾向于应用一些自由的政体，我们就终于达到一些君主独裁政体，这些君主独裁政体随着面积愈扩大也显得愈美丽堂皇。

1025　从一些贵族政体的忧郁沉思的猜疑，通过一些民众政体的骚乱，各民族终于达到在一些君主独裁政体之下安顿下来了。

1026　但是最后我们还想证明：在人类各种民政制度的具体而繁复的次第之上可以冠上一种极简单的抽象的数目的次第〔643，713〕。各种政府都从“一”开始，即氏族的君主独裁制，过渡到“少数”，即英雄时代的贵族体制，进展到“多数”和“全体”，即民众体制，其中“全体”或“大多数”组成了政体，最后又回到“一”，即民政方面的君主独裁制。按数的性质来说，我们不能构思出比“一”、“少”、“多”和“全”还更恰当的区分或另一种次序，使“少”和“多”都各随它的类别而保存“一”的原则；根据亚里士多德的看法〔《形而上学》1085b 22〕，正因为凡是数都由一些不可分割的因素组成，而且等到我们已经历了“全”，我们就必从“一”再开始。这样，全人类都包含在氏族一人独裁制到民政的君主独裁这两极之中。[①]

第二章　系定理：古代罗马法是一篇严肃认真的诗，古代法学是一种严肃认真的诗创作，其中显出一种关于法的形而上学的最初的粗略纲要，以及在希腊人中间，法律如何产生出哲学

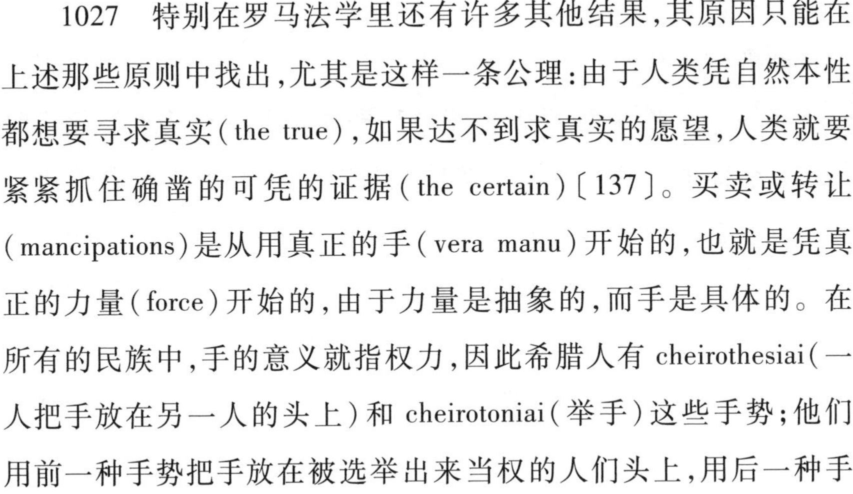

1027　特别在罗马法学里还有许多其他结果，其原因只能在上述那些原则中找出，尤其是这样一条公理：由于人类凭自然本性都想要寻求真实(the true)，如果达不到求真实的愿望，人类就要紧紧抓住确凿的可凭的证据(the certain)〔137〕。买卖或转让(mancipations)是从用真正的手(vera manu)开始的，也就是凭真正的力量(force)开始的，由于力量是抽象的，而手是具体的。在所有的民族中，手的意义就指权力，因此希腊人有cheirothesiai(一人把手放在另一人的头上)和cheirotoniai(举手)这些手势；他们用前一种手势把手放在被选举出来当权的人们头上，用后一种手

① 这段从数来看政体的演变，以抽象概括具体，所以显得很“玄奥”，但意思是清楚的。——译者

势欢迎被选出的当权者。这种礼仪性的手势是哑口无言的时代所特有的;在复归的野蛮时期,选举国王时也用举手欢迎,这种实在的手势也用在占领上或交易上。占领是一切财产权的自然的大来源①,占领中有军事占领(occupatio bellica),是由罗马人保存下来的;因此当时奴隶们就叫做 mancipia(俘虏),即战争的胜利品,本来只是罗马人中间的来自征服和掳掠的转让,后来就用来应用到对付被征服的民族。从此可见,那种认为这种转让只是在罗马这一个城市以内罗马人与罗马人之间的私人交涉,作为取得民政方面的所有权的一种方式的看法就远非事实真相了〔582〕!

1028　伴随这种实际转让的还有一种相应的实际占领(usucapion)〔983〕,即通过实际使用而取得的所有权(因为"获得"就是 capio 这个词的意义),占领通过实际使用的〔取使用(usus)这个词即指占领(possessio)的意义〕执行方式本来就是对所占领物的持续的物体掌握。……②

1029　再者,在亚里士多德的英雄政体中没有关于补救或赔偿私人冤曲的法律〔269〕③,赔偿或报复是凭实在的武力来执行的。世界上一切最初的决斗或私人间的争战都是如此。condictiones当面申斥或下通知(要进行决斗)都是私方报复。在复归的野蛮时代,决斗这种私方报复一直持续到巴托路斯时代(960f)。

1030　随着野蛮时代的习俗日渐衰退,而私方的殴斗暴行又

---

① 买卖交易在汉语中也有"转手"、"脱手"、"到手"等说法。——译者

② 以下用拉丁词的变化来说明"占领"、"所有"之类词的意义和来源,略去未译。——译者

③ 还没有"私法"。——译者

开始受到正式法律条文的禁止，一切私方的力量便联合在一起成为公众的力量，叫做民政的主权〔583 ff〕。原始各族人民按本性都是些诗人〔187，200〕，必然就自然地摹仿过〔215 f〕他们从前用来保卫他们的权利和制度的那些真实的力量。所以他们就造出一种关于自然转让的神话故事，从而创造出以交付一种象征的锁链绳结（knot）方式代表正式的民政性的转让手续〔558〕，来摹仿天帝约夫用来把最初的巨人们束缚在原始的还未占领的土地上〔387，781〕，而他们自己后来就用这种锁链绳结（knot）来束缚受他们收容的"家人"或家奴们。用这种象征性的转让方式，他们就通过法定手续（actus legitimi）〔558〕来使他们的一切民政性的交易手续成为神圣不可侵犯的。这些法定手续对于还哑口无言的人们必然曾是一种隆重的典礼，后来（发音的语言既已形成了），他们为使彼此在契约中所表示的双方的意愿确凿可凭，于是决定了在交付上述绳结时所订的契约中，要用隆重的语言来记录出所构思成的明确的条款〔569〕，这样，他们后来在战争中就构思出接受被征服的城邦的投降条款。他们把这些条款称为 peaces〔和约〕。这个词是由 pacio 来的，意思就指 pactum〔合同或条约〕。这种条约的遗迹在科拉提亚（Collatia）[①]投降的条款里还可以看到。据李维的记载〔1.38.1－2〕，这种投降条款用隆重的问答仪式把投降者接受到征服者的权力之下。因此称投降者为"被接受者"（recepti）是完全恰当的，罗马传令官所以向科拉提亚代表们说："我们接受

① 科拉提亚是拉丁区域的土著户萨宾族的一个城，曾被罗马贵族塔魁尼所征服。——译者

了。"这种证据就足以驳倒在英雄时代定条约限于罗马公民内部的看法了〔1027〕！从此也足以见出过去相信塔魁尼阿斯·普里库斯在接受科拉提亚投降时用这种公文程式是有意要教导诸民族如何投降的人们究竟有多大洞察力了！

1031　在十二铜版法中有一条著名条款〔6.1a〕就把英雄时代拉丁区域部落法中这一条款规定如下：如果任何人要订合同或办转让手续，他既然用舌头宣布的话就将有约束力〔433，570〕。这一条款是一切古罗马法的巨大源泉，凡是把罗马法和雅典法作过比较的人都承认这一条款并不是从雅典输入罗马的。

1032　占领原先只限于躯体的占有〔1028〕，后来才成为假想的，有占有的意愿就够了。同样，报复也用假想的力量来象征〔961〕，英雄时代的报复转变为私人的动作，保存了申诉对方的隆重仪式〔960〕。世界的婴儿期不可能走其他的道路；因为婴儿们具有特别强的摹仿事物真相的能力，就凭力所能及的去摹仿。诗的本质就在这里，诗就不过是摹仿〔215 f〕。

1033　例如，出现在市场上的有多少人身就有多少面具。人身（persōna）[①]的正确意义就是一种面具（mask），有多少面具也就有多少名称（names）。在无声语言时代，名称是用实物文字来表达的〔435，929〕，这种实物文字就必然是氏族盾牌。在美洲印第安人中间诸氏族就凭盾牌来区分，在某一氏族父主的人身或面具之下隐藏着他所有的一切儿女和奴仆，在某一大家族的名称或徽纹之下隐藏着它所有的父系继承人或族属继承人。例如我们看到

① 即中国戏剧中的"角色"。——译者

过阿雅斯一个人就是希腊人的高塔，而荷累喜阿一个人站在桥上就抵挡住塔斯康全区的人，而在复归的野蛮时代，我们还碰见过四十个诺曼族英雄们就把撒拉逊（阿拉伯）大军驱赶出萨洛诺。从此法兰西查理大帝的十二骑士（paladins）〔都是些君主，名字还保存在日耳曼的一些巴拉丁公爵身上〕特别杰出的是罗兰公爵（Count Roland），后来叫做奥兰多（Orlando）公爵，以惊人的膂力闻名于世〔559〕。其理由就起于上文所发现的一些关于诗的原则〔376ff〕。罗马法的创建者处在人们还不会理解抽象共相的时代，就已造出一些想象性的共相来。正如后来诗人们凭艺术把一些人物和面具搬上了舞台〔910〕，这些诗人前此曾把上述那些名字和人身搬到了古罗马广场上①。

1034　persōna，（人身）这个词必不是由 persŏnare（为着使到处都听到回声）派生的，因为在最初的城市中剧场都很小（据贺拉斯〔《诗艺》206〕所说的，观众的人数很少，很容易数清），没有必要去用面具，也没有必要去使人声大到满布一个大剧场。此外，persŏnare 的第二缀音是长音，不容许派生出 persōna 来，因为如果它来自 persŏnare，应是短音。毋宁说，它是从 persōnari 来的，这个动词据我们的推测是穿野兽皮，当时只有英雄们才配穿野兽皮。和它同源的动词 obsōnari 已留传到现在。它的原义一定是食猎获的野味，这种野味一定就是维吉尔所叙述的英雄们宴会中吃的〔《埃涅阿斯纪》3.223 f〕。所以最初的猎获物一定就是英雄们在保卫他们自己和家族时和野兽们进行战争中所杀死的野兽的皮

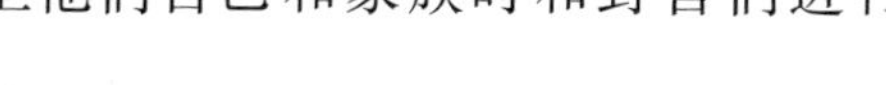

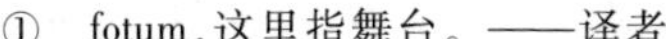
① fotum，这里指舞台。——译者

〔958〕。诗人们都描绘英雄们穿着这种兽皮，特别是赫库勒斯，他穿的就是狮子皮。我们把 persōnari 这个动词还原到它的本义，并追溯到它的根源，我们猜测到意大利文用 personaggi 就应溯源到这个动词，用来指高大魁梧的人物。

1035　根据这些同样原则，因为这种人物还不能理解抽象的形状，就想象出一些身体的形状，而且根据他们自己的自然本性，把这些身体形状想象为具有生气的〔401〕。他们把 hereditas 或“继承”想象为主管继承财产的母后，并且在每一特殊项目的继承的货物中都认出其中有这位完整的母后，正如他们在控诉程式里把农田里的一块泥土呈给法官，把它在代表农场时说的“我申明这个农场是我的”这句话中的农场〔961〕。从此可见，如果他们不能理解，却至少能用感官粗略地感觉到权利不可分割的道理〔1038〕。

1036　符合这种自然本性，古代法学全都是诗性的，凭它的虚构，可以把已发生的事虚构成不曾发生，把不曾发生的事虚构已发生的；把不曾产生的虚构成已产生的，把活的虚构成死的，把已死的虚构成还是活的，死人还活在正待接收的产业上。它们造出没有主体的面具，许多凭想象虚构出的权利（iura imagi naria）。因此，古代法学的全部声誉都靠创造出一些这样寓言故事，以便维持法律的尊严和就事实来作出公道的处理。所以古代法学的一切虚构都是由一些面具遮盖的事实真相，而这类法律所由表达的公文程式，由于用些什么字和用多少字都有严格的标准，不能加，不能减，不能改，它们把这种公文程式就叫做 camina 或“歌”，例如我们在上文就曾发现过李维就这样称呼使荷累喜阿受到惩罚的那条法律公文程式为“歌”〔500〕。这种情况在普劳图斯的《驴子们的喜剧》中一段话里〔746ff〕也得到证实，那里名叫“恶魔”（Diabolus）的一个角色说，寄生虫是一位大诗人，因为他比任何人都更会发明文字的防护器或公文程式，这种公文程式即我们刚才看到的，叫做“歌”的那种东西。

1037　由此可见，古罗马法是一篇严肃认真的诗，是由罗马人在罗马广场表演的，而古代法律是一种严峻的诗创作。查士丁尼大帝在《法学阶梯》或《法典》的序言里谈到 antiqui iuris fabulas〔古代法律的寓意故事〕对我们的论证就很有利，他是用嘲笑口吻来用上引词组的，但是他一定是援引懂得我们所谈的问题的某位法学家的话。如我们在这里证明的，罗马法学是根据这些古代寓意故事来演绎出它的一些原则的。关于“角色”就是“面具”那条原则最初就来自这些戏剧性的寓意故事。

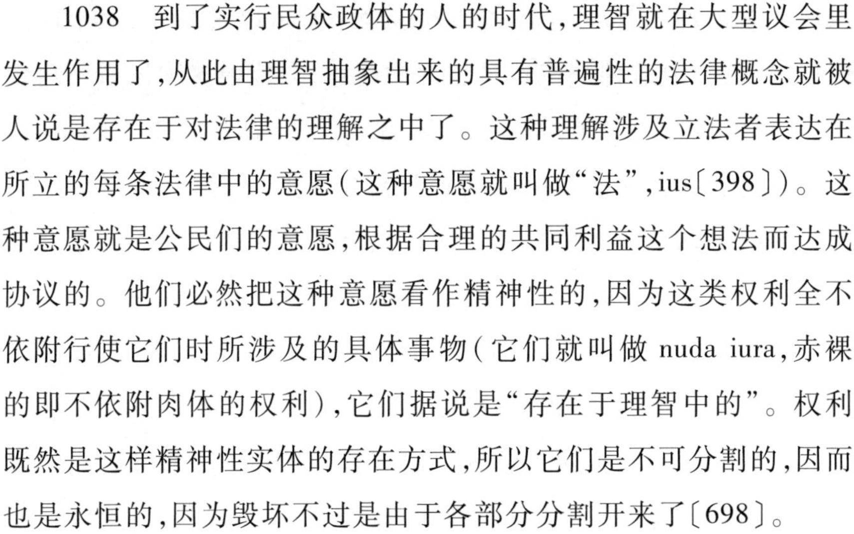

1038　到了实行民众政体的人的时代，理智就在大型议会里发生作用了，从此由理智抽象出来的具有普遍性的法律概念就被人说是存在于对法律的理解之中了。这种理解涉及立法者表达在所立的每条法律中的意愿（这种意愿就叫做“法”，ius〔398〕）。这种意愿就是公民们的意愿，根据合理的共同利益这个想法而达成协议的。他们必然把这种意愿看作精神性的，因为这类权利全不依附行使它们时所涉及的具体事物（它们就叫做 nuda iura，赤裸的即不依附肉体的权利），它们据说是“存在于理智中的”。权利既然是这样精神性实体的存在方式，所以它们是不可分割的，因而也是永恒的，因为毁坏不过是由于各部分分割开来了〔698〕。

1039　罗马法的解释者们的全部法的玄学声誉都寄托在他们

对 De dividuis et individuis〔可分割和不可分割〕那个著名论题上所持的法权不可分割这一考虑上。但是他们还不曾考虑到另一个同样重要的法的属性，即永恒性。可是他们理应在下列两条法律中看到这种永恒性。头一条规定了 cessante fine legis，cessat lex〔法律的目的终结了，法律也就终结〕，原条文不是说 cessante ratione〔理性终结了〕，因为法律的目的是以各方利益平等为原因，这个目的也可能得不到实现，但是法律的 ratio〔理性〕是法律符合蒙上某种具体情境的事实。只要有蒙上具体情境的事实，法律的理性就还是活着的，对事实起统治作用的。另一条规定了时间不是法权所由成立或毁坏的一种 mode（方式，因素），因为时间并不能使永恒的东西有一个起点或终点。在凭时效取得的占领权和据传统或长期使用而获得的权利这种法律里，时间并不产生或终止这种权利；如果已不再行使这种权利，也只证明占领这种权利的人愿意放弃它。例如"usufruct"用益权这个条款可以说终止，但不能从此得出结论，说这种法权本身就因此终止，只能说这项法权不再使用，变成和以往一样自由而已。从此得出两条很重要的系定理。第一条是法权在对法权的理解或理想中是永恒的，至于运用法权的具体的人却在时间中存在。法权只有上帝才能授给人。第二条系定理是：在世界中过去存在过，现仍存在或永远会存在的那些不可胜数的多种多样的法权都来自最初的那个人，原来人类的主宰，对这整个世界持有所有权的那一位[①]。

1040　因为法律比哲学确实出现较早〔1043〕，苏格拉底一定

① 指一切法权都来自上帝。——译者

是观察到雅典公民们在制定法律时都要赞同接受这样一种观念：有一种平等利益对全体公民中每一个人都是共同的，他才开始用归纳法总结出一些可理解的类（种）或抽象的共相（普遍性），这就是说，通过搜集一些彼此一致的特殊事例来造成一个类（种），其中那些特殊事例在同属这个类（种）上是彼此一致的〔D_7，499〕。

1041　柏拉图想到每一个别特殊的人的心思本来都满怀情欲地追求他的私人利益，等到把他们聚集在公众议会里，他们心里就只有共同利益这样一种冷漠无情的理想了（按照一句谚语来说，人们个别地都唯自己的私利是图，但是集体的人们就追求公道），柏拉图于是把自己提高到去默想被创造的心灵（人）所能达到的最高理想，而这种最高理想和这些被创造的心灵（人）本来是两码事，它们（最高理想）只能寄托在上帝里面，柏拉图就以这种方式构思出能随意驾驭情欲的哲学英雄。

1042　柏拉图这样就为亚里士多德铺平了道路，使他后来替好的法律下了一个神明的定义〔《政治学》，1287 a 32〕，说好的法律是一种不受情欲干扰的意志，也就是说，一个英雄的意志。他把公道理解为掌管各种德行的王后，寄托在英雄的精神里，来指挥所有的其他人〔《伦理学》1129 b 12 ff〕。因为他看到法的公道寄托在最高民政主权上面，在指使元老院坚持谨慎，军队坚持英勇，庆祝宴会坚持节制。此外他还求遵行两种特殊的公道：在公众财库里要有分配的公道，在广场（或议会）大部分场合要遵行 commutative 交换的公道（礼尚往来）；后者应用数学的比例，前者应用几何学的比例〔《伦理学》1131 b，12，29〕。他一定从户籍制里看到分配的公道,看到户籍制里民众政体的基本制度〔619ff〕,这种制度根据公民们的祖遗财产按几何的比例来分配荣誉和负担,因为前此人们只知有数学的比例;因此,阿斯特里亚这位英雄时代的公道女神是描绘为持天秤的〔713〕,而在十二铜版法里一切惩罚——现在写书讨论这些惩罚的人们都说惩罚必须依分配的公道,按几何学的比例来分配。我们在这类著作里看到,这类惩罚有两类,如果涉及金钱方面的,惩罚就要加倍〔6.2;8.9,16,19,20;12.3,4〕;如果是身体方面的,就要同等〔8.2〕。因为报复的法律是由拉达曼徒斯(Rhadamanthus)创建的,他就被任命为下界(阴间)法官,在下界也确实分配惩罚。在亚里士多德的《伦理学》〔1132 b 21ff〕里,报复就叫做毕达哥拉斯的公道,是由在大希腊创建一个民族的毕达哥拉斯所发明的,大希腊的贵族们就叫做毕达哥拉斯派〔427〕。这种发明对后来变成一位高明的哲学家和数学家的那位毕达哥拉斯就会是一种耻辱。

1043　根据上述一切,我们下了这个结论:这些玄学,逻辑和伦理学各方面的原则都是从雅典广场上产生出来的。从梭伦对雅典人说的"认识你自己"那句告诫时就产生了民众政体,从民众政体就产生了法律,哲学就是从法律中涌现出来的。梭伦本来在村俗智慧方面是哲人,后来才被认为在秘奥智慧方面也是哲人〔414ff〕。这番话可以作为以哲学方式来叙述哲学史的一个样板〔I_8〕,也是本书提出的对波里比阿的许多谴责中的最后一个。这位希腊史学家竟说过,如果世界上有了哲学家们,就不需要各种宗教了〔179〕。事实却是:如果世界上不曾有宗教,也就不会有各种政体,也就不会有哲学家;如果是人类各种制度不曾受过天意的安排,也就不会有科学知识和品德的观念了。

1044　现在回到本题来结束所讨论的论证,在人的时代里出现的首先是民众政体,然后是君主独裁政体〔927〕,人们所理解到的是:〔法律义务的〕起因(causes)开始是由一些精确的特定的词来保障的一些程式(formulae),因为 cavere 是 cavissae 的字源,而 caussae 是 cavissae 的缩写形式〔569〕,指的就是一致同意的契约中所涉及的那些事务或交易本身(这些事务或交易现已由契约加以隆重化或正式化了,在订契约这项手续中各方都同意了,所以都要见诸行动了)。有些契约涉及财产转让的有效凭证,它们把自然的交付加以正式化,以便实行正式转让。只有在契约是用凭口说的文字就算数时,文字的保证才保存"起因"这个严格的古代意义。以上所说的进一步说明了关于契约和合同所产生的义务所已提出的一些原则〔570—578〕。

1045　总之,一个人按特性来说,只是心、身和语言,而语言仿佛处在心和身的正中间。因此,就什么才是公道这个问题来说,在哑口无言的时代,确凿可凭的事物是从身躯开始。接着,各种所谓有声的语言发明出来了,公道就进展到由说出的程式变为确凿可凭的一些观念。最后,人类理智已充分发展了,公道就在真实中达到了它的目的(或终点),达到什么才是公道的一些观念本身,这些观念是由理性根据事实的细节情况来决定的。这种真实是一种公式,脱去了任何个别特殊的形状,即渊博的瓦罗所说的 formulanaturae〔天生自然的公式〕〔《上帝的城邦》4.31〕这种公式像光一样普照到各种事实的不透明体的表面，从而就赋予形式给那表面上一切最微小的细节〔321—325〕。[①]

① 这段总结说明人类如何由形象思维逐渐进展到抽象思维以及语言在这种进程中所起的作用。"公道"本是从总结许多个别具体的事例而得出的一些理性观念，用自然的公文程式把它表达出来。这样总结会显出确凿可凭的真理而产生哲学。人世间事都是自然的，连相信天神的宗教穷根到底也还是自然的。这就批驳了波里比阿的"有哲学就不需要宗教"的论点。维柯有时沿用经院派的论证法，所以不免艰晦。读者宜先掌握全书的思想脉络，孤立地看某章某节最宜误事。——译者

第　五　卷

各民族在复兴时所经历的各种人类制度的复归历程

引　论

1046　从上文分散在讨论无数题材的无数段落中，我们已看到最初的野蛮时代和复归的野蛮时代之间的令人惊讶的对应。从此我们可以很容易地理解到各民族在复兴时所经历的各种人类制度的复演过程〔1108〕。不过为着更好的证实，我们想在这最后一卷里专门讨论这个论点，以便更清楚地认识第二个野蛮时代。这第二个野蛮时代一直比起第一个野蛮时代显得还更黑暗难解，尽管对最古文物知识最渊博的学者瓦罗在他的时历划分中把这第二个野蛮时代也称为黑暗时代〔52〕[①]。我们还要说明最善良最伟大的上帝如何运用他指导一切民族的人类制度的那种神旨来为出自深厚神恩的不可磨灭的诏令服务。

第一章　把最近的野蛮时期的历史解释为第一个野蛮时期历史的复演历程〔L_2〕

1047　当天神以超人的方式通过使殉道者们的德行和罗马的

① 这里的 dark time 不是指行为方面的野蛮黑暗时代，而是指历史家渺茫难稽的时代。——译者

权力对立，以及使神父们的教义和奇迹与希腊的学者们的虚浮智慧对立，等到武装的民族到处蜂起，来攻击神道的创建者时，天神就让一种新人道秩序在各民族中产生出来，以便真教可以适应人类各种制度本身的自然过程而巩固地奠定下来。

1048　遵照上述永恒的神旨，天神把真正的神的时代又带回来了〔925，976〕，其时天主教国王们到处为着保卫基督教（他们就是基督教的保卫者），就穿戴上天主教司祭们的衣冕，使自己的君主身份同时具有教职身份（因此，保留住“神圣的国王陛下”的头衔），他们就兼任教会的显职，例如据香庇耶（S. Champier）的《法兰克各王朝系年》，侯・卡泊（Hugh Capet）公爵，法国卡泊王朝（1287—1328）的创建人，就兼任巴黎的公爵和修道院长二职，巴拉敦（Paradin）在《布尔干王朝编年史》里也提到在古代文件里，法国君主们通常都称公爵或伯爵兼修道院长。这样，最初的基督教的国王们就在他们的天主教国度里创建了军事兼宗教的制度，来对抗亚利安族人[①]（据圣杰罗 St. Jerome 说，几乎整个基督教世界都遭到亚利安族人的腐化），对抗撒拉逊伊斯兰教徒以及许多其他异教民族。

1049　这样，英雄时代各民族所号称的“纯洁虔敬”的战争[②]〔958〕就复归了，从此，凡是基督教（君主们）仍然在他们的王冠顶上安一个十字架，这是他们过去在十字军东征时军旗上所展示过的〔602〕。

① 亚利安族人（Arians），指波斯人，希腊的敌人。——译者

② 即宗教战争。——译者

1050　在复归的野蛮时代，这些人类文明制度的复演历程确实是令人惊讶的，例如古代的使节或传令官们向要对他们宣战的城市呼出敌方的神祇，用马克罗比乌斯（Macrobius）[①]〔在他的《塞探理亚》（Saturnalia）3.9.7f 里〕给我们保存下来的（呼出神祇书）那个文雅堂皇的公文程式；因为他们相信通过这种呼吁，被征服的部落就不再有神了〔958〕，因而也就不再有占卜权了。占卜权是我们在本书已讨论过的一切制度的最初的来源。因为根据英雄时代战胜法律，被征服的民族就不再有任何民政制度，无论是公法还是私法，这一切在英雄时代都要依靠神谕的占卜权，如我们主要根据罗马史所已充分证明了的〔110〕。这一切都包括在英雄时代投降书程式里，塔魁尼阿斯·普利库斯曾把这种程式运用到科拉提亚〔1030〕，根据这种投降书程式，被征服者须把他们原有的各种宗教性和世俗性的制度都移交给征服者。最近复归的野蛮人也是如此，在攻取一个城市时主要关心的事就是把当地著名的圣徒们遗骸或遗迹搜出来搬走。所以当时各族人民都要小心翼翼地把这类圣物埋起或隐藏起，这种埋藏所一般都在教堂中最后最深的地方，所以圣徒遗骸的迁移全都发生在这种时期。这种习俗至今还保留在被征服的民族须向征服者的统帅们纳款赎回全部夺走的（寺庙）钟铃。

1051　还不仅此，从公元五世纪以下，有许多野蛮民族侵入欧洲乃至亚细亚和非洲，到处泛滥，这些征服者无法使被征服者听懂自己的语言，这是由于天主教敌人们的野蛮习俗。在当时那种铁

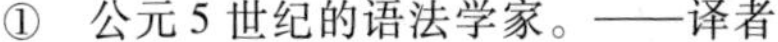

① 公元 5 世纪的语法学家。——译者

的时代里，我们找不到当时有俗语的证据，无论是意大利的，法兰西的和西班牙的甚至日耳曼的。（关于日耳曼人，据约翰·阿文提努斯 J. Aventinus 的《巴伐利亚编年史》，他们从来不用他们自己的文字写文书凭证；一直到斯瓦比亚的腓利德里克的时代，据其他史料，甚至直到哈普斯堡的鲁道夫大帝的时代〔435〕。）在上述各民族之中我们只找到用土俗拉丁文写的文据，只有少数兼任僧职的贵族们才懂得。因此我们可以假定，在那许多不幸的世纪里，各民族又回到用无声语言互相达意的情况。由于土俗文字这样稀少，到处一定都回到使用象形文字，如民族盾徽之类，用来使所有权确凿可凭，通常标志房屋，坟墓，土地和畜群的主权〔484—488〕。

1052　某些种类的神的裁判〔955〕，号称“依教规的洗罪”也复归了。这种裁判之一就是最初野蛮时期的决斗〔959 ff〕，尽管这种决斗还没有得到神圣教规的承认。

1053　英雄时代的劫掠也复归了。过去英雄们认为被称为强盗是一种光荣，现在海盗就是贵族的一种头衔〔636〕。

1054　英雄式的报复也复归了，一直持续到巴托路斯[①]时代〔960〕。

1055　因为最近野蛮时期的战争和最初野蛮时期的战争一样，都是些宗教战争〔1049〕，英雄式的奴役制〔676〕也复归了，这种奴役制在基督教诸民族之中也持续了很长一段时期。按照那些

① 巴托路斯（Bartolus，即 Jean Bart），17 世纪一个著名的海盗，在英法战争中被英国俘虏过又逃脱了，后受法王任命为一个海军指战员。——译者

时期决斗的惯例,征服者认为被征服者已没有神〔958〕,因此就把他们当作一些野兽。基督教徒和土耳其人之中至今还保持着这种民族感。对于一个基督教徒,土耳其人这个名称就指一条狗(因此基督教徒们存心或被迫要对土耳其人客气一点,就称他们为回教徒 Moslems,意指真正信教者);而土耳其人则把基督教徒称为猪,因此,在战争中他们双方都实行英雄时代的奴役制,尽管基督教徒们对待奴役比较温和些。

1056 但是最令人惊奇的是在复归的各种人类制度之中,古代世界的最初的收容所在这些新的神的时代里也回来了,从李维的历史著作里我们知道,凡是最初的城市都以收容所为基础〔561〕。因为在这些最野蛮的时期,人们极端残酷和野蛮;暴行、抢劫和凶杀之风猖獗,当时除宗教所规定的神的法律之外没有什么有效的办法来约束那些已摈弃一切人道法律的人们〔177〕,所以怕受到压迫和毁灭的人们自然投奔到主教们和牧师们那里(这些人在那些狂暴野蛮的时代还是比较有点人道的)去逃难,把他们自己,家族和祖遗财产都托庇于主教和牧师们,进了他们的收容所。这种归依和保护是东佃制(或封建制)的主要因素。因此,在当时欧洲各国中必然仍是最野蛮的日耳曼之中宗教的首脑(主教或修道院长)几乎比世俗的首脑还更多;而在法兰西,我们已说过,凡是拥有最高权的君主都同时有伯爵或侯爵兼修道院长的头衔。所以当时欧洲有无数城市,城镇或堡寨都用些圣徒的名称,就因为在高山或隐藏的地方,为着举行基督教所要求的倾听弥撒或举行其他宗教典礼,就修了一些小教堂,这些小教堂就是当时基督教徒们的天然的庇护所或收容所。在附近他们就盖起他们的住

房。因此，我们到处看到的第二野蛮时代的最古老的遗迹就是上文描绘的那些地方的小教堂，大半都已倒塌了。一个著名的例子就是我们意大利的阿维尔萨（Aversa）圣洛冉佐修道院，这是和加普亚（Capua）的圣洛冉佐修道院合并在一起的，这所修道院直接地统辖着坎帕尼亚（Campania）各地区的一百一十所教堂，都由它下面的一些修道院长或僧侣去管理，上述各地圣洛冉佐修道院长几乎都是所管地区的男爵。

第二章　诸民族在复归时期接受了具有永恒性的东佃制或封建制，从此在封建法里古罗马法也复归了〔L_2〕

1057　跟着这种神的时代来的是一种英雄的时代，由于"英雄的"和"人的"这两种几乎相反的本性的区别也复归了〔567〕。所以在封建制的术语里，乡村中的佃户们就叫做 homines（men，人们），这曾引起霍特曼（Hotman）的惊讶〔437，600，606〕。"人们"这个词一定是 hominium 和 homagium 这两个带有封建意义的词的来源。hominium 是代表 hominis dominium 即地主对他的"人"或"佃户"的所有权。据库雅斯说，赫尔慕狄乌斯（Helmodius）认为 homines（人们）这个词比起第二个词 homagium 较文雅，这第二个词代表 hominis agium 即地主有权领带他的佃户随便到哪里去的权利。封建法方面的渊博学者们把这后一个野蛮词译成典雅的拉丁词 obsequium，实际上还是一个准确的同义词，因为它的本义就是人（佃户）随时准备好由英雄（地主）领到哪里就到哪里去耕地主的土地。这个拉丁词着重佃户对地主所承担的效忠,所以拉丁人用 obsequium 这个词时就立即指佃户在受封时要发誓对地主所承担的效忠义务。在古代罗马人中间这个词和他们所称呼的 opera militaris〔即我们近代关于封建法的著作家们所称呼的 militare servitium(服兵役)〕,即罗马平民们曾在很长一段时间里要对地主服兵役而且自备所需要的一切费用〔107〕。liberti 或“已被解放的人”〔奴隶〕仍然对地主负有效忠和服兵役的义务。在罗马史里这种义务可以追溯到罗慕路在庇护所的基础上创建罗马城市的时候。庇护所是罗慕路用来收容他所接受过来保护的耕地农民的地方〔106〕。古代史里的这种“受庇护者”除“佃户”这个词之外不可能有更恰当的解释〔263〕。实际上研究封建制的学者们都把 feudum(佃户)这个粗野词译成文雅的拉丁词 clientela(受庇护者)。

1058　关于各种制度的这些原则从 opera 和 servitium 这两词的来源得到清楚的证实。opera 的本义是一个农民的一日的劳动(一日的工作),所以拉丁人称农民为 operarius(打日工的人),意大利人中的同义词是 giornaliere。阿喀琉斯被阿伽门农冤枉地夺去女俘时埋怨阿伽门农待他自己就像一个没有公民权的打日工的人〔597〕,正是取这个意思。拉丁人还用 herd(群)甚至用 greges operarum(工群),greges servorum(奴群)——因为他们和后来的奴隶都被看成兽畜,兽畜据说要成群地吃草(pasci gregatim)。〔一定先有人群,后才有兽畜群。〕与此相应,一定是先有这种人的牧人,然后才有兽畜的牧人(shepherds)。因此,荷马史诗中英雄们通常叫做“人民的牧人”〔557〕。这从希腊词 nomos 可以得到证实,nomos既指法律，又指饲料，饲草〔607〕；因为凭最早的土地法，造反的“家人”或“家奴”们在由英雄们分配给他们的土地上获得生活资料，这种生活资料也叫做nomos或饲料，饲料是专对牲畜来说的，饮食或食物是专对人来说的〔917〕。

1059　饲养世界上最初的人群的牧人一定就是亚波罗的专业，他是民政光辉的神，也就是贵族的神〔533〕。神话故事说他是安菲里苏斯河上一个牧人，正如巴里斯确实是属于特洛伊王室的，也就是一个牧人。家族父主（荷马称之为国王）也凭他的王杖吩咐把犒牛肉割开，分享收割庄稼的人们，就如阿喀琉斯的盾牌上所描绘的。这个盾牌上雕的是世界史，这一幕就代表家族时期〔686〕。现在我们的牧人们的任务已不再是喂养畜群而是引导和看守它们，但是由于在英雄时代劫掠流行〔636 f〕，这后一意义的喂养只有在原始的城市疆界内已得到某种安全保障之后才用得上。一定就是由于这一理由，牧歌式的诗只有在最文明的时代才出现，例如在希腊人中间始于希奥克立特（Theocritus），在拉丁人中间始于维吉尔，在意大利人中间始于桑那乍罗（Sannazaro）。

1060　servitium（服役）这个词说明了在最近复归的野蛮时代，上述情况也复归了；在谈到这种服役关系时，地主号称seniov（大人或老爷），意思就是领主或君主。例如古代法兰克族人（Franks，即第二次野蛮时代的被解放了的人〔1062〕）竟使波丹（Bodin）为发现他们原是家生家养的奴仆而感到惊讶。这批家奴就相当于在最初的野蛮时代古罗马人所称呼的“村俗人”（vernae）或“土人”这个词派生出“土语”（vernaculae）这个词，土语是由人民中村俗汉们创始的〔443〕，也就是说，由英雄城市中的平民们创始的,正如诗性语言是由最初政体下的英雄们或贵族创始的一样〔437〕。

1061　一等到地主们的权力在内战中分散和消耗在人民中间了——因为在内战中掌权者须依靠人民,此后权力就容易再集中到独裁的君主们身上,被解放的家奴的服役效忠就转化为所谓 obsequium principis,据塔西佗说〔《编年史》1.43〕,这就指臣民们对他们的君主的全部义务(职责)。另一方面,由于对英雄的本性和人的本性之间的假想的差别〔1057〕,佃户们的主子们就叫做男爵(或领主),其意义与我们在上文已见到的希腊诗人们把世族父主称为英雄们,而古代拉丁人们则称他们为人(viri)〔684,999〕,道理是相同的。这种遗痕还保存在西班牙文 varon 指一个人;至于佃户们则由于孱弱就被看作妇人,用上文已解释过的英雄时代的意义〔989〕。

1062　除开我们刚在上文已提出的之外,指侯爵或领主的 signori 这个词只能是由拉丁文 seniores(元老们)派生的,因为欧洲一些新兴国家的最早的公众议会一定是由这类元老们构成的,正如罗慕路用 senatus(元老院)来称呼的公众议会必然是由贵族中年长者组成的。因为这些实际是而且也被称为 patres(父主们)的把自由权授予奴隶们,所以又被称为恩护主们(patroni)。这个词就派生出意大利文 padroni,意思也必然是恩护主们。padroni 这个词保存了原拉丁词的全部文雅性和妥帖性。从另一方面来说,“clientes”(被庇护者或被收容者)用来指乡村佃户们,也同样见出原拉丁词的文雅性和妥帖性。当塞维斯·图利阿向这些佃户们颁布户口籍时,他是从罗慕路的受庇护者只走了尽可能小的步伐前进了一步〔106f〕。这些受庇护者恰恰就是后来法兰克人（Franks，得到自由的人）的名称所自来的被解放的家人，如我们在答复波丹时所说过的〔1017〕。

1063　佃户们就是以这种方式又回来了，起源于在公理部分已替他们定下的那种永恒的来源〔260 ff〕，在那些公理里，我们曾指出他们所能希望得到的民政方面的福利，因此渊博的封建制研究者们把佃户们称为beneficia（受惠者）。霍特曼确曾说过：战胜者在已征服的地方把已垦殖的土地留给自己，只把未垦殖的土地留给那些不幸的被征服者作为生活资源。可惜霍特曼没有能利用他的论点，未提如本书第二卷所描绘的那种原始世界的佃户们又回来了。不过他们的新起点还是我们曾见到过的罗慕路的“受庇护者”，他们本来已是，而且按他们的本性也必然是受庇护者，即我们已指出的〔1057〕那种随身的乡村佃户。我们在公理部分也说过，这种佃户是分散在遍原始世界各民族中的〔263〕。这种英雄时代的佃户，在罗马民众自由昌盛的时代，过渡成为平民，遵守这样一种习俗：他们穿起宽袍在早晨去朝见大元老们，用古代英雄们用的头衔向他们欢呼：“国王，祝您万福！”——然后跟随他们走到罗马广场，到晚间跟他们一起回家，元老们就请他们吃晚餐，这是遵行英雄拥有“人民的牧人”的称号那种古代的老办法〔1058〕。

1064　这种随身的佃户们必然就是古罗马人中的vades或“证人”〔559〕，这个名词还保存在要随委托律师出庭作证人的身份上，这种义务就叫做vadimonium（保证）。这些vades的名称，据我们的“拉丁文词源”〔《全集》3. 369〕一书，一定来自主格拉丁词vas，即希腊词bas和野蛮民族的was，由此派生出wassus，最后变

成 vassalus(佃户)。这种佃户至今在还保存了大量野蛮习俗的较寒冷的北方诸国里,特别在波兰(在波兰叫做 kmet)是一种奴隶;整家整户的这样的奴隶往往由他们的主人们赌输掉,被迫转到替其他主子们服役。在这种佃户身上还可以看出用链子锁起耳朵的那种奴隶,由高卢族的赫库勒斯(族主)用亲口吐出的诗性黄金(即粮食)的锁链锁起,随意带着到处跑〔560〕。

1065 接着才来了真正的乡村佃农,是通过各民族的第一次土地法才产生的。在罗马人中间,这种第一次土地法就是由塞维斯·图利阿颁布的第一次户口籍法;据这项法律,他让平民们对贵族们分配给他们的土地享有根据占领时效的所有权,但带有一些负担,不像过去那样只是跟随服役的负担,同时也要真正的纳税〔107〕。这些平民们必然就是第一批"被解放的奴隶",这个词后来指对国库负有为不动产纳税的义务的那些人〔433,559〕。上文刚提到的霍特曼所说的由征服者授给被征服者以未开垦的土地让他们去垦殖来维持生活的情况也是如此〔1063〕。原来由希腊贵族赫库勒斯捆绑在地上的安太这批巨人们就这样复归了〔618〕,原来由罗马的赫库勒斯(贵族)信义神(Fidius)捆绑住的奴隶们(the nexi)〔602〕也终于由培提略的土地法解放出来了〔115〕。

1066 由培提略法〔658〕解放出来的那些原被捆绑的奴隶们恰恰相当于佃户们,起初一定就被称为受捆绑的人,是被债务约束住的。封建法的学者们把这种人界定为须把主子们的友和敌当作自己的友和敌。这恰恰就是塔西佗所说的古代日耳曼的佃户们在发誓效忠于他们的君主时所应说的话〔559〕。后来这批佃户们发展成为具有十足的民政主权的佃户,这些受捆绑的佃户就是被征

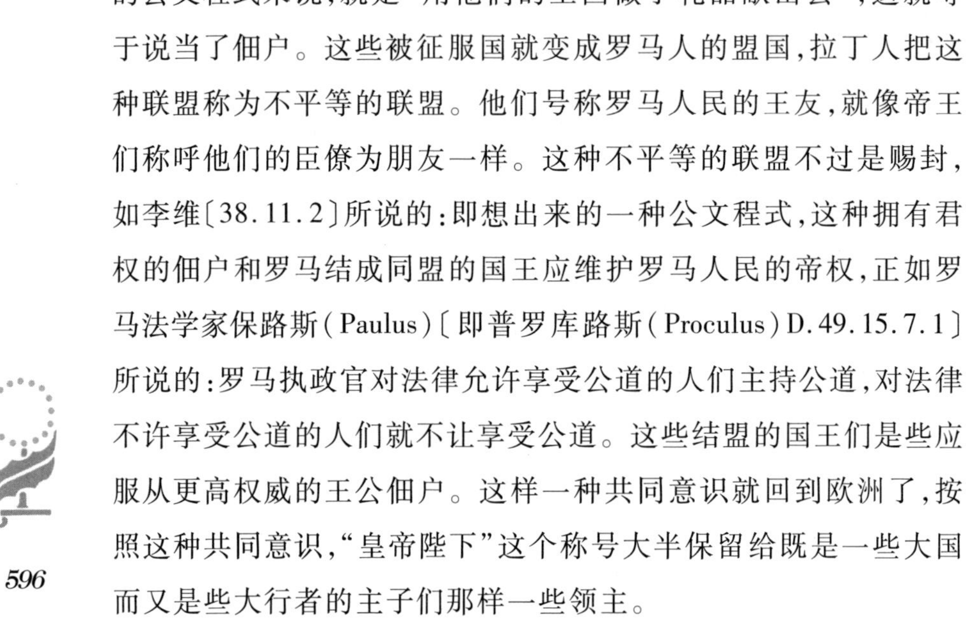

服的国王们。对于这种被征服的国王们，用罗马史学家〔萨路斯特(Sallust)在《和朱古达(Jugurtha)的战争》5.4 里〕所记载的隆重的公文程式来说，就是“用他们的王国做了礼品献出去”，这就等于说当了佃户。这些被征服国就变成罗马人的盟国，拉丁人把这种联盟称为不平等的联盟。他们号称罗马人民的王友，就像帝王们称呼他们的臣僚为朋友一样。这种不平等的联盟不过是赐封，如李维〔38.11.2〕所说的：即想出来的一种公文程式，这种拥有君权的佃户和罗马结成同盟的国王应维护罗马人民的帝权，正如罗马法学家保路斯(Paulus)〔即普罗库路斯(Proculus)D.49.15.7.1〕所说的：罗马执政官对法律允许享受公道的人们主持公道，对法律不许享受公道的人们就不让享受公道。这些结盟的国王们是些应服从更高权威的王公佃户。这样一种共同意识就回到欧洲了，按照这种共同意识，“皇帝陛下”这个称号大半保留给既是一些大国而又是些大行者的主子们那样一些领主。

1067　起源于这类乡村佃户的一些制度即封建制或东佃制〔575〕都随这类乡村佃户复归了。在这种东佃制之下，古代地上大森林才被垦殖出来，从此 laudimia(赋税)这个词就兼指下属交给领主的款项和佃户交给他的直接地主的款项〔489〕。

1068　古代罗马的受庇护者也复归了，叫做托管者，因而熟悉封建制的学者们把封臣们称为受庇护者(clientes)，把佃户们本身也就称为 clientilae(被收容者)〔1057〕，是具有拉丁语的文雅性和确切性的。

1069　塞维斯·图利阿所颁布的那种户口籍也复归了，凭这种户口籍，罗马平民们曾在一段很长时期内有义务要替贵族们服兵役而且自出服役费用〔107〕。现在叫做“angarii”和“perangarii”的封臣或佃户和古罗马的assidui(纳赋税者)意义相同。他们服兵役,要自管开销费用;此外贵族们对负债的平民们有权私自把他们囚禁起来,一直到Petelian Law(培提略颁布的法令)时为止,这条法令才把罗马平民们从封建的nexum(束缚)中解放出来〔115〕。

1070 precaria(这原来一定指地主们应贫苦人的请求而赐给他们土地,让他们去垦殖以便维持生活)也复归了;因为这种(土地)占领恰是十二铜版法从来不曾承认过的〔638,983〕。

1071 因为野蛮制度及其暴行毁去了贸易所必有的信任,使人民只关心自然生活中的绝对必需品,又因为当时一切租金必须用所谓自然果实(实物)的方式缴纳,同时也就出现了所谓libelli作为不动产的转让。从某一个人拥有大量过剩的土地来生产另一个人所需要的某种果实,而另一个人需要大量果实却没有土地这一事实来看,这种交换方式的利益就很明显,因此他们两方就进行交换〔571〕。

1072 做转手买卖的办法(mancipation)也复归了,佃户或封臣把他的双手放在他的主子的两手中间,来表示效忠和服从。按照塞维斯·图利阿所颁布的户口籍法,乡村的佃户们就成了罗马人中间第一批做转手买卖的人〔1065〕。和转手买卖一起,可转手买卖物和不可转手买卖物的分别也复归了,因为封建的财产对佃户(或臣僚)来说是不可转手买卖或出让的,但是对地主或贵族来说却是可转手买卖的,正如罗马各行省的土地对该行省内部臣民是不可转手买卖的,而对罗马人来说却是可转手买卖的。与转手

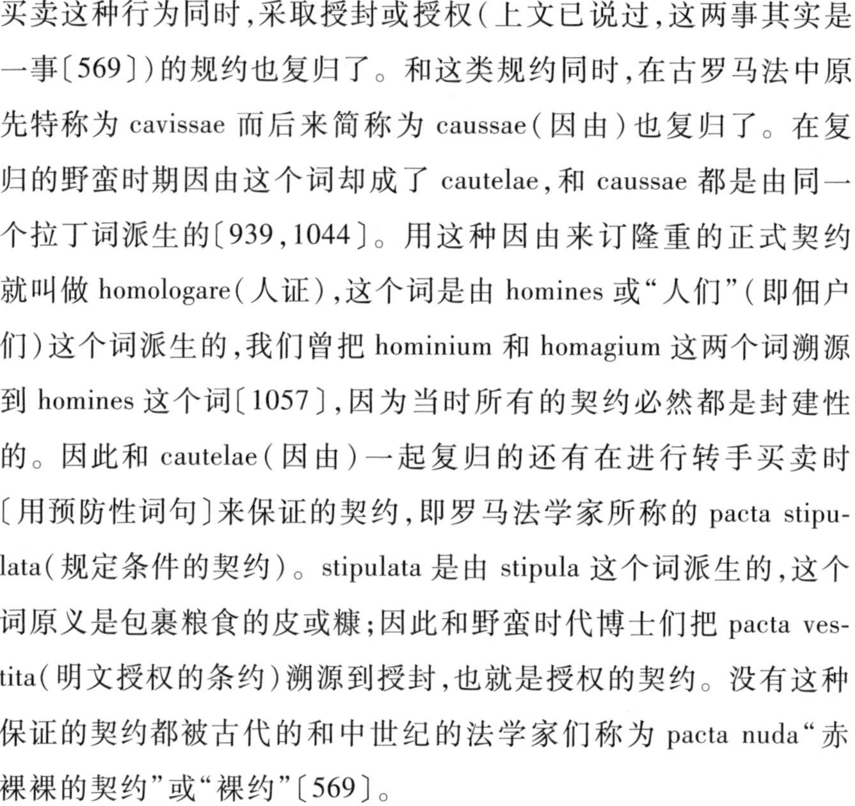

买卖这种行为同时，采取授封或授权（上文已说过，这两事其实是一事〔569〕）的规约也复归了。和这类规约同时，在古罗马法中原先特称为 cavissae 而后来简称为 caussae（因由）也复归了。在复归的野蛮时期因由这个词却成了 cautelae，和 caussae 都是由同一个拉丁词派生的〔939，1044〕。用这种因由来订隆重的正式契约就叫做 homologare（人证），这个词是由 homines 或“人们”（即佃户们）这个词派生的，我们曾把 hominium 和 homagium 这两个词溯源到 homines 这个词〔1057〕，因为当时所有的契约必然都是封建性的。因此和 cautelae（因由）一起复归的还有在进行转手买卖时〔用预防性词句〕来保证的契约，即罗马法学家所称的 pacta stipulata（规定条件的契约）。stipulata 是由 stipula 这个词派生的，这个词原义是包裹粮食的皮或糠；因此和野蛮时代博士们把 pacta vestita（明文授权的条约）溯源到授封，也就是授权的契约。没有这种保证的契约都被古代的和中世纪的法学家们称为 pacta nuda“赤裸裸的契约”或“裸约”〔569〕。

1073　复归的还有直接的和占用的两种所有权〔direct and useful ownership〕，恰恰相当于古罗马的凭罗马公民权的所有权的和凭占领时效的所有权的分别〔582，600f〕。直接的所有权先起，正如凭公民权的所有权一样都由罗马人开始。凭公民权的所有权开始时是由贵族们占领土地而后来赐给了平民们的〔109〕。如果平民们失去了对那些土地的占领，他们就得求助于申诉法（rei vindicatio），用的公文程式是“我凭武装司祭们的法律，声明这块土地是我的”〔562，961〕。这样一种申诉恰恰就等于引证整个贵族阶层（这些贵族们在罗马贵族体制下构成罗马城市〔597〕，即才有罗马公民权),作为平民们借以获得对该片土地的民政所有权的依据;凭这种依据他们才能申诉该块土地归自己所有〔603,984〕。这种所有权在十二铜版法里经常叫做 auctoritas〔主权〕,它是由当权的元老院对整个罗马领土所拥有的所有权,后来随着民众自由制的到来,就成了由全体人民所拥有的最高主权〔386,944ff〕。

1074　对于这种主权〔所有权〕,就像对于复归的野蛮时代的许多制度一样;我们在本书中根据第一次野蛮时代的一些古代文物才把它弄得明白一点;我们发现第二次野蛮时代比起第一次野蛮时代还远较暧昧不明！不过第二次野蛮时代中的 authority(主权)这个词在三个封建名词里留下了三个很明白的遗痕。第一个是形容词 directus(直接的)证实了申辩法(rei vindicatio),这种诉讼法原来是由直接的(顶头上司)地主授权的。其次是 laudimia 这个名词,指佃户(或下僚)在占领上述封地时所付的赋税,为这块封地他曾引证(laudatio)他的主子为授权者(auctor)。最后是 lodo,这个名词原来一定指在这种案件中的法官的裁决,即后来变成指一种经过仲裁的裁决;因为这类〔关于封地的〕案件似曾以友好的方式达到和解,不同于涉及 alods 即经过讼争的案件〔布德(Budé)曾认为所以称为 alods 是从 alaudia 派生的,正如 laus 在意大利文中变成 lode〕。遇到这类纷争,地主们原来须会面决斗〔961〕。决斗这种习俗在那不勒斯一直传到我们的时代。在那不勒斯地区里,地主们(男爵们)不是通过民事诉讼而是通过决斗来报复其他地主(男爵)对自己的封地的侵犯。正如古罗马人的武装司祭的直接的所有权最后变成引起真正的民事诉讼的所有权。

1075　现在是一个很明显的时机来说明这一点:诸民族在复

归的野蛮时期中，晚期罗马法学家们的遭遇，也正是野蛮时代晚期法学家们所经历过的那种遭遇；这些法学家们在当时已看不见早期罗马法了（我们在上文已举过无数证据了〔984，993〕），晚期野蛮时代的法学家们在最晚的时期也已看不见早期封建法律了。因为博学的人文主义派罗马法的解释者们都坚决否认罗马法曾承认上述直接的和凭占领时效的两种所有权。他们是由名称的差异而导致误解，认识不到两种所有权本身其实还只是一回事。

1076 凭最高法权占领的货物（goods ex iure optimo）也以“不受侵犯的货物”（alodial goods）的形式复归了，研究封建制的博学者们把这种货物界定为不受公方或私方干扰的货物（产业），拿这种货物来比西塞罗所说的在他那个时代罗马还保存下少数几所“凭最高法权占领的”房屋〔601〕。不过正如在最晚的罗马立法中对这种货物的任何观念都已不存在了，在我们的时代也已找不到这种货物的任何实例。就像罗马人的“凭最高法权占领的”产业一样，“不受侵犯的货物”也终于变成真正的不动产，不受任何私方或真正私方的干扰，但是仍要服从真正公方的干扰。因为从塞维斯·图利阿所创建的户口籍法到成为罗马国库基础的那种户口籍法之间有一个过渡时期〔619ff〕也复归了。所以不受侵犯的产业和封地在封建法中这两大类型的产业在起源时之所以分辨得出来，是因为封建的货物或产业可凭地主的权威作为保障，而不受侵犯的货物或产业却没有这种保障。所有的研究封建制的学者们在这一点上都由于缺乏上述那些原则，就不免茫然认识不到他们跟着西塞罗用拉丁语化成的 bona ex iure optimo（凭最高法权占领的货物）何以后来竟变成称为 goods of the distaff（纺纱杆的货物）。

就恰当的意义来说，这类本是些凭一种很强的法权来占领的货物，连任何公方干扰也不能削弱它们。这些就是在氏族体制下父主们的货物，持续过很长一段时期后才进入最初城市政体，他们获得这类货物是由赫库勒斯的各种艰苦劳动。这个难题是很容易解答的，如果根据我们的原则来说，这位赫库勒斯后来变成了俄姆法勒王后和她的女儿伊阿勒的奴隶，从事纺织[①]。这就是说，英雄们已女性化，把他们英雄制度让给平民们了。他们把平民们看作女人们，把自己看作并且叫做与此相反的 viri(男子汉大丈夫)〔1061〕，英雄们让自己的货物通过户口籍法受公库管制，户口籍法开始是民众政体的基本制度，后来促成君主独裁制的奠定。

1077　因此，通过晚期已被人看不见的这种早期封建法[②]，凭武装司祭的法律而占领的财产也复归了。我们前已把武装司祭的法律解释为“在公众议会中用矛武装起来的罗马人的法律”〔603〕，矛就叫做 quires〔562〕。从这些武装司祭们就构思出申诉的公文程式：“我凭武装司祭们的法律，申明这块土地是我的”，这就是援引整个罗马英雄城市为授权者〔1073〕。现在在第二次野蛮时代，封地确实叫做“矛的货物”，要引证贵族们作为授权者，与后来叫做“纺纱杆的货物”的那种“不受侵犯的货物”恰相反(纺纱杆是丧魂失魄的变成女人的奴隶的赫库勒斯用来从事纺织的)。这就是法国王徽上“lilia non nent”(百合花不纺纱)那句题词的英雄时代的根源。因为在法国，女人们没有继承权。因为这是十二

① 据希腊神话，赫库勒斯晚年曾娶了立底亚王后俄姆法勒，做了她的奴隶，穿起女衣从事纺织。——译者

② 即户口籍法。——译者

铜版法中的男系继承法的复归，我们发现罗马的部落法中的男系继承如此，正如巴尔杜斯（Baldus）曾称男系继承的萨利法（Salic Law）为高卢的男系继承法。高卢部落法确实在日耳曼全境里都通行过，必然在欧洲其他最初的诸野蛮民族中也都通行过，不过后来只通行于法国和萨瓦伊（Savoy）〔988〕。

1078　最后，像我们在上文已见过的，像希腊人所称呼的执矛者的议会和罗马人所称呼武装司祭们的法院〔594f〕之类武装法庭也复归了。欧洲各国的最初的议会必然都是由贵族或地主们组成的，例如法国议院就确实是由贵族们组成的。法国史很清楚地告诉我们，国王们开始都是议会的首脑，然后任命一些贵族组成法庭，以委员的身份去裁判案件；从此他们一直都叫做法国的公爵兼上议院议员。正如西塞罗在《为米罗辩护》〔3.7〕里所说的罗马的第一次审判案件涉及一位罗马公民生死攸关的问题，国王图路斯·霍斯提略任命作为委员的两人执政，据李维所保存下来的公文程式说，这次法庭上要控诉荷累喜阿的叛国罪，因为他杀害了亲姊妹〔500〕。

1079　这是因为据那种英雄时代的严酷习俗，凡是杀害一个公民（当时城市都只由英雄们组成〔597〕）都要当作对祖国的一种敌对行为，这就恰恰指“叛国”；凡是这种杀害都叫做一种弑亲罪（parricidium），因为受害者就是一位父亲，也就是说，一个贵族，当时罗马已分为贵族和平民两个阶层。从罗慕路建国时起一直到图路斯·霍斯提略时代都不曾有过一次关于杀害一位贵族的审判，其理由一定是因为贵族们都当心不要犯这种罪，既然他们中间已

有决斗的办法〔1074〕。但是在荷累喜阿案件中没有人能以私自决斗的方式来替被杀的荷累喜娅报仇,所以塞维斯·图利阿第一次下令要举行这种案件的审判。对平民们的杀害却不如此,杀害者或是平民们自己的主子,对主子们不能提出控诉,如杀害者是旁人,他们就可向被杀害者的主子要求赔偿损失,这就是把被杀害者当作一个奴隶看待。这种习俗现在还在波兰、立陶宛、瑞典、丹麦和挪威等国流行。但是过去解释罗马法的渊博学者们却看不出这个难点,因为他们依靠自己对于黄金时代的纯洁无瑕所持的讹见〔518〕,正如一些政治理论家们为着同样的理由,依靠亚里士多德所说的古代各种政体中不曾有涉及私人冤屈[①]的那句话〔269〕;因此塔西佗〔《编年史》3.26〕,萨路斯特〔《和卡蒂林的战争》2.1〕以及其他一些著作家们本来都很审慎,可是谈到各种政体和法律的起源时,却把城市以前的原始状态中人们都描述为一些像亚当一样在纯洁无瑕状态中生活着。但是等到讲城市收容了 homines,即家人或家奴们,就使霍特曼〔437〕感到惊讶,而且从这些家奴们就产生出乌尔宾〔569〕所说的人道的部落自然法,从此以后,杀害任何人就都叫做“杀人犯”。

1080　在这类议会里所审议的案件涉及封地由于严重罪行或没有继承人的情况之下继承或转移之类封建性的案件,这类案件经过这类判决的多次证实,就形成封建时代的习俗,这类习俗就是欧洲的最古老的习俗,向我们证明了部落自然法就是由人类这些

① 即不曾有私法。——译者

封建东佃习俗产生出来的〔599ff〕。

1081　最后，正如国王图路斯批准了荷累喜阿向人民申诉（当时人民是只由贵族们组成的）〔662ff，666ff〕既然被判死刑的罪犯没有其他挽救办法，就只有向议会本身去申诉〔500〕。在复归的野蛮时代贵族们也正是用这种办法而不是用任何其他办法必须向在议会中的国王们去申诉，例如法国国王们起初都是些议会首领。

1082　这类英雄时代的议会还有一个值得注意的遗迹，那就是那不勒斯的宗教议会，因为这种议会的主席被授予"圣王陛下"的称号，而议员们就叫做 milites（军长），以委员的资格任职。（因为在第二次野蛮时期只有贵族们才能当兵，而平民们在战争中则为贵族们服役，如我们从荷马史诗和罗马古史里所见到的情况就是最初的英雄时代的情况〔425，558f〕。）这种议院的判决不许向任何其他法庭上诉，只有申请议院本身去修改。

1083　鉴于上文所罗列的一切制度，我们应得出的结论是：当时的国家到处都是贵族制，我们指的并不是宪法结构而是治理国家的方式。例如在寒冷的北方，波兰现在仍然如此。在瑞典和挪威两国在一个半世纪以前还是如此。将来如果没有特殊原因来阻碍自然的发展过程，波兰将会达到完善的（即绝对的但是开明的）君主独裁政体。

1084　这话真实可靠，波丹本人也说他的本国（法国）在麦罗文津朝代和卡尔文津朝代都不仅在行政处理（government，administration）方面，而且在政体（state）或宪法结构（constitution）方面也都是贵族式的。[1] 但是我们要问波丹：法兰西王国怎样才变成现在那种完善的君主独裁制呢？是凭某个国王定的法律，法兰西公侯伯子男们都自动地放弃他们的权力，把它移交给国王们吗？——如果波丹求助于罗马由护民官们（Tribonian）曾创建出国王法律那种神话〔1007f〕，说罗马人民自动地放弃了自由权，把它移交给一位奥古斯都大帝，那么，他只消读一读塔西佗的《编年史》头几页，就足以证明那是一种神话。塔西佗明明说奥古斯都最后的几个法令使他自己身居创建罗马君主独裁这一要职得到合法化，当时各民族确实都看得出罗马君主独裁制始于奥古斯都——是不是由于某一位卡伯特国王（Capetian）曾凭武力把法兰西征服了呢？但是所有的史书都不曾说法兰西曾遭到这样不幸的命运。所以波丹以及所有和他一样曾就公法写过论著的其他政法权威们都应承认这一条永恒的最高的自然法；凭这种自然法，一个政权的自然权力，正因为它是真实的，就必然要实现，这就是说，掌权势者愈丧失了他们的力量，人民的力量也就按比例地增长，直到他们变成自由的，而且随着各族自由的人民愈放松他们的掌握，国王们的力量也成比例地增强，直到他们变成了独裁君主〔1008〕。因此，正如哲学家们（或伦理的神学家们）所理解的自然法来自理性〔E_8〕，本书所说的这种部落自然法也是来自利益和权力的自然

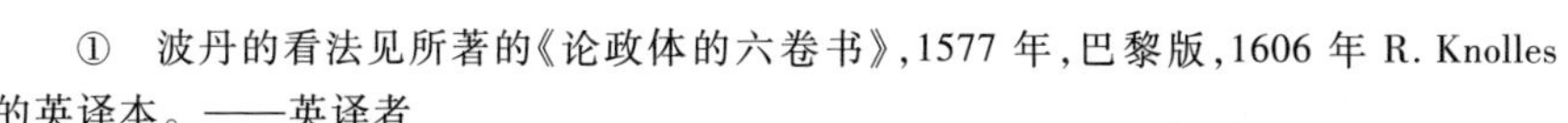

① 波丹的看法见所著的《论政体的六卷书》，1577 年，巴黎版，1606 年 R. Knolles 的英译本。——英译者

麦罗文津朝代是由法兰克人 Clovis 在高卢和日耳曼创建的王朝，约当公元 500—750 年，继起的卡尔文津王朝，由著名的查理大帝在公元 800 年建立，是神圣罗马帝国的开始，政体或宪法结构与政府或国政管理之间的区别是维柯经常指出的，拿中国近代史打比，北洋军阀时代政体是共和国，政府管理方式却是军阀专政。——译者

法；正如法学家们所说的（《法学阶梯》1.2.2），这种自然法随着时机需要和人类需要的要求而得到各民族的遵守〔G_3〕。①

1085　根据古罗马法中这一切优美而秀雅的表达方式（渊博的封建学者们实际上凭古罗马法在进行削弱并且还可能进一步进行削弱封建教条的野蛮性——因为这后起的复归的封建制度完全恰当地表达出前一个野蛮时期的词句〔1057ff〕），请俄尔敦道普Oldendorp（和一切追随他的人们）考虑一下封建法是不是由第一野蛮时代拉丁区域实行过的那种封建制的火种点燃起来的？——这种封建制就是全世界一切政体的起源，如我们在讨论最初各种政体的诗性政治部分中那一章已证实了的〔599ff〕，现在在这第五卷里就履行在《本书的思想》部分所许下的证实〔25〕。我们已看到了近代欧洲诸王国都起源于封建佃户的永恒本性。

1086　但是到了最后，意大利各大学开设了一些学院，对查士丁尼大帝的法典之类著作中所包括的罗马法的教义进行教学，其中各种法律都以人类部落自然法为依据〔994ff〕，于是人类心智更加发展，变成更富于理解的更倾心于培养基于自然平等的法律，这种法律使普通人民和贵族们在民权方面都是平等的，正如他们在人的本性上是平等的一样。正如从提比略·考伦卡留斯（Tiberius Coruncanius，头一位平民派首要教主）开始在罗马公开讲授法律之时起，法律的秘密就开始脱离欧洲各国贵族们的掌握，这些王国原先是由贵族政府统治的，然后才经过自由政体转变到完善的君主

① 这段话很重要。维柯一直强调法律不是人为的，而是来自各部落的习俗，是适应人类的生活需要和便利而变化发展的。——译者

独裁制。

1087　这后两种政体(民众政体和君主独裁政体)由于都涉及人道的行政管理,就很容易由甲变成乙,或由乙变成甲,但是按照民政本性,上述两种政体都几乎不可能变成贵族政体。所以叙拉古斯岛的第安(Dion of Syracuse)尽管是王室的一个成员而且曾放逐君主中的一个怪物,暴君第阿尼苏斯,尽管他在民政品德方面配得上做神明的柏拉图的朋友,可是他后来企图恢复贵族统治,就被人用野蛮的方式屠杀掉了。还有毕达哥拉斯的门徒们(即大希腊地区的贵族们)企图恢复贵族政体,就被人民击溃了,只有少数人跑到堡垒里逃难,也被大众把他们活活地烧死了。因为平民们一旦明白了自己与贵族们理应平等,就自然而然地不愿在民政权利方面甘处贵族们之下,他们只有在自由民主政体中或在君主独裁政体下面才能获得平等,因此在现在各民族的人道风气之下,少数幸存的贵族政体〔1094〕要费大力和采取谨慎的办法,才能使人民大众既各尽职守,而又心满意足。①

① 在1087段里维柯鲜明地表示出他对自由平等和民主的向往和对贵族统治的厌恨。所提到的叙拉古斯岛的第安是柏拉图的好友,柏拉图为着要实现他的理想国,曾两次去叙拉古斯岛见第安,第安企图在这小岛上恢复贵族统治,人民就把他杀了。毕达哥拉斯的门徒们也在大希腊图谋恢复贵族统治,也被人民杀掉或烧死了。——译者

第三章　凭本科学的一些原则的光照来瞭望古代和近代世界各民族〔I_{13}〕

1088　迦太基，加普亚和纽曼细阿这三个城邦尽管都曾使罗马恐惧，怕不能长久对世界施行帝国统治，但这三个民族却终不能完成人道的民政的制度〔上述三个阶段〕的进程。迦太基人之所以不能，是由于他们亚非利加人的生而就有在海上贸易中又磨炼得更锐敏的机灵性〔971〕；加普亚人之所以不能，是由于这坎帕尼亚地区气候温和，生产富饶〔769〕；最后，纽曼细阿人在他们的英雄时期初度繁荣时，就已被罗马的权力所征服，是西庇阿·阿非利加大帝在世界各地武力协助之下把纽曼细亚人镇压下去了〔971〕。但是罗马人却没有碰到这些障碍，可以按部就班地前进，凭村俗的智慧，听从天意的统治，按照本书用许多例证来证实的所有三种民事政体的自然程序，自然而然地一种政体接着另一种政体前进。罗马人先保留住贵族统治，直到巴布利阿斯和培提略所颁布的土地法〔104—115〕；接着他们把民众自由政体保持到奥古斯都大帝时代〔1008〕；以后他们就坚持用君主独裁制，只要他们还能以人道方式抵抗住会毁灭君主独裁制的内忧外患。

1089　今天一种完全的人道像遍布在全世界各民族中，因为有少数几位伟大的独裁君主在统治这个各民族的世界；如果还有一些野蛮民族还留存着，那就是由于他们的君主独裁政体还在坚持一些想象的残酷的宗教下的村俗智慧，在某些情况中还有他们臣属民族的不大平衡的本性作为一种补充的因素。

1090　从寒冷的北方算起,莫斯科的沙皇尽管是基督教徒,所统治的却是些心智迟钝的人民。鞑靼区的可汗①统治着古代的丝绸国人(Seres)那样一种委靡文弱的人民,形成了(元朝)可汗的一个伟大帝国的一大部分,其中一部分现在已和中国联合在一起。埃塞俄比亚的黎噶斯(Negus,即埃塞俄比亚的皇帝)以及菲兹(Fez,古代土耳其)和摩洛哥的强大的国王们所统治的一些民族都太弱太零散。

1091　在中部温和地带的人民赋性却较平稳,从远东算起,日本的天皇所实行的一种人道类似罗马人在迦太基战争时代所实行的那种人道。他摹仿罗马人在军事方面的凶狠。据有学问的旅游者们说,日本的语言带有拉丁语的声调。可是天皇曾信奉过一种凶恶可怕的宗教,其中一些凶恶可怕的神带着全副致命的武装,他还保留着不少的野蛮英雄时代的本性。到过那里传教的神父们报告说,他们在劝日本人民信基督教所碰到的极大困难就在于无法说服贵族们使他们相信贵族和平民在人性上是平等的。中国皇帝在一种温和的宗教下统治着,崇尚文艺,是最人道的。东印度群岛的皇帝也颇讲人道,大体上只从事和平时代的技艺。波斯人和土耳其人使他们宗教的粗野教义结合上他们所统治的亚细亚人的温和,他们双方,特别有土耳其人,用富丽堂皇的排场,乐善好施和感激心情,多少把他们的骄横软化了一些。

1092　但在欧洲,基督教是到处都信仰的,它教导一种无限纯洁完善的上帝的理想,命令对全人类都要慈善。那里有些伟大的

①　指元朝,古代丝绸国指中国。——译者

君主独裁政体，它们的习俗是最人道的。尽管坐落在寒冷的北方地带的一些国家，例如瑞典和丹麦，直到一百五十年以前，波兰甚至英格兰直到今天，在宪法结构上虽仍是君主独裁，而在行政管理方式上却似仍采取贵族专政，但是如果按人类民政制度的自然进程不受到什么特殊原因的阻碍，它们都会终于达到完善的君主独裁制〔1083〕。只有在欧洲这一部分世界，培育各种科学而且还有许多民众政体，这在其余三部分世界是简直找不到的。由于同样的各种公众利益和需要的复归过程，在欧洲已有古代埃托利亚式（Aetolian）和亚加亚式（Achaean）的联盟在复兴。正如后两种联盟是希腊人想出来的，因为有必要对抗罗马人的势不可当的威力来保护自己那样，瑞士的各行政区以及荷兰的各行省或州府都已把若干自由的民众城市组织成为两大贵族专政的阵营，其中两派成员结合成为战争与和平时期的永久联盟。至于日耳曼帝国这个整体是许多自由城市和享有最高权的君主们所组成的，它的首领就是皇帝①，在有关帝制下各项事务中却仍用贵族专政的方式来治理。

1093　这里我们必须指出：结成无论是持久还是临时的阵营，若干主权国家就会自动地形成一些贵族专政式的政权，这种政权所特有的忧虑猜疑的心情也就会产生出来了〔273，1025〕。因此，这种联盟既是民事政权的最后形式（因为我们设想不出依民政本性能有比这种贵族专政还更高的一种政权形式），而这种贵族政权形式必然就是最初的贵族政权形式，我们在本书中已用无数事

---

①　似指神圣罗马帝国。——译者

例证明过，最初的政权形式就是父主们或氏族之王们的那种贵族专政，他们在最初的各城市里结合在一起，成为一些当权的阶层〔584〕。因为这就是各种原则的自然本性，凡是事物都既起于这些原则，又终于这些原则。

1094 现在回到我们的本题。今天在欧洲只有五个贵族专政的政体，即意大利的威尼斯、热那亚和路卡，达马提亚的拉顾萨（Ragusa），以及日耳曼的纽伦堡。这五处几乎全是疆域很小的。但是基督教的欧洲却到处都闪耀着人道的光辉，构成人类生活幸福的物品丰富，既带来身体方面的舒适，又带来心灵方面的乐趣，而这一切都来自基督教。基督教教导着一些崇高的真理，所以接受异教世界的一些最渊博的哲学家们为它服务，它还把三种语言作为自己的语言来学习：希伯来语——世界中最古的语言，希腊语——世界中最精美的语言，拉丁语——世界中最宏伟的语言。所以即使单从对人类目的来看，基督教也是世界上最好的宗教，因为它把来自上帝启示权威的智慧和理性的智慧结合在一起，使理性智慧根据哲学家们的最高明的教义和语言学家们的最有教养的渊博学识。

1095 最后，渡过大洋那边，在美洲印第安人们的新世界，美洲印第安人如果不曾被欧洲人发现，他们现在也还会按人类各种制度的自然进程前进〔I_{13}〕。

1096 现在凭我们在这第五卷中特别研究过的人类各种民政制度的复演过程的光照，让我们来思索一下我们在本书中自始至终都在许多方面对最初时期和最近时期之间〔即对古代和近代各民族之间〕所进行的一些比较，那么，完全展现在我们面前的就不只是罗马人或希腊人在法律和事迹方面在特定时期的特殊历史，而是（由于在杂多的发展形态中在可理解的实质上仍然现出一致性）由一种展现出一些永恒规律的理想性的历史，这些永恒规律是由一切民族在他们兴起、进展、成熟、衰颓和灭亡中的事迹所例证出来的。纵使在永恒中有无限多的世界不断地产生（情形绝不会如此），他们的事迹也都会替这种永恒规律作例证〔348〕。因此，我们不禁要用一个惹忌妒的头衔，把这部作品命名为《新科学》，因为我们不应该不公正地欺骗世人，不让本书得到它本应享受的权利；它所论证的涉及世界各民族的共性是带有普遍性的，它具有每一门具有完善理想的科学所应有的特性，这种完善理想曾由赛涅卡用这样辉煌语言表达过："世界会是微不足道的，除非它能对全世界人提供探讨的资料。"①

① 英译在"全世界人"这句引文后加注说，"即未来的一切时代的"——说明这部科学永远是新的。维柯始终强调历史是不断发展的而且有规律可循的。理想的历史就是遵循永恒普遍规律向前发展的历史，研究这种历史的才是新科学。——译者

本书的结论

论由天神意旨安排的每种政体都是一种最好的永恒的自然政体〔342,629ff〕

1097　让我们现在以柏拉图来结束本书。柏拉图构思出一个第四种政体,其中善良诚实的人们都应成为最高的主宰。这种政体就会是真正的自然的贵族政体。由柏拉图构思出的这种政体是从诸民族的最初起源时就由天神意旨安排出来的。因为天神意旨安排了有一些身材巨大、比其他人们都更强壮的人,像一些本性较强烈的野兽在山峰上浪游〔369—373〕,在世界大洪水之后,第一次碰上雷电的吼声,就会逃到山上一些岩洞里,尽管都是些骄横残酷的大汉子,却满怀震惊疑惧,俯首听命于一种更高的权力,即他们所想象的天帝约夫〔377—379〕。因为在各种人类制度的这个体系中,我们想不出天神意旨能用什么其他办法来使这些骄横残酷的原始人停止在地上大森林中的野兽般的浪游,以便在他们中间创造出一种人道的文明(民政)制度的体系。

1098　这样形成的政权可以说是一种僧院式的政体,或是一些孤零零的君主在一位最伟大最善良的主宰[①]治理之下的最高的

---

① 即天神。——译者

政体〔379〕,这位最高主宰是由他们自己从雷鸣电闪中所得到的信仰才创造出来的,其中闪耀着天神统治着人类这一真理的光辉。从此他们就想象到凡是向人类提供各种福利和人类所需要的各种帮助的事物全都是些神,并且作为神而受到畏惧和敬仰。于是他们一方面受到可怕的迷信所带来的强有力的节制,一方面又受野兽般的淫欲的驱遣刺激(这两种力量在这类人身上必然都一样极暴烈),就感到天威可怕,从而就阻挠他们行使兽欲,不得不把身体方面的淫欲的冲动控制住(hold in conatus)〔340,504〕。这样他们就开始运用人道的自由.这种自由就是控制住淫欲的冲动使它转向另一方向;因为这种自由既然不是来自起淫欲的肉体方面,就必然来自人性所特有的心灵。这种新的另一方向所采取的方式就是凭暴力把生性既羞怯而又不易驾驭的女人们抓住,把她们拖进自己的岩洞里去,为着和她们进行性交,就把她们留作终生伴侣。这样,从这种最初的人道的,也就是贞洁的宗教性的配偶,就创建了正式婚姻制〔C_2〕。从此,这类人就有了确凿可凭的父亲和确凿可凭的母亲养育出来的确凿可凭的子女〔D_1〕。这样,这伙人就创建出一些家族,对他们的子女和妻子施行一种巨人式的家族统治,这是符合原始野蛮人狂暴特性的。因此,等到后来一些城市或城邦兴起时,人们才安心敬畏民政权威的统治〔502—552〕。从此天神意旨就安排好了一种由父主们(在当时情况中实即君主们)施行独裁的一些确定的家族政体。这些父主们在性别、年龄和品德各方面都是最高贵的。他们在我们必须称之为自然体制(实即家族体制)之中就必然形成了最初的自然秩序,即一批虔敬的,贞洁的和强有力的人们的秩序。他们既然在各自的土地上定居下来

了,再不能逃开到别处去(像过去那样野兽般地到处浪游了),为着保护他们自己和家族成员们,他们就要杀掉向他们侵袭的野兽。他们既然不再进行掠夺了,为着供应自己和全家族的生活资料,就得开垦土地种庄稼。这一切都是为着保存住新生的人类种族。

1099　与此同时,还有很多人散居在平原和山谷中继续保持着可耻的杂交乱占的情况,这些人仍是不虔敬的(由于不敬畏天神),不贞洁的(由于进行野兽般的杂交)和邪恶的(由于和自己的母亲和女儿乱交)。在一段长时期之后,他们由于过着与禽兽为群的生活,疾病交加,弄得羸弱,走迷了路,孤零零的,由于在可耻的杂交之中产生了争夺交讧,被一些强暴者无情地追来赶去,终于被迫跑到家族父主们所设的收容所那里去逃难。这些父主们就接受他们归自己庇护,接着就通过收容所把自己的家族王国扩张到把这些"家人"或家奴也包括在内。这些父主们就在由于确实具有英雄品德而自然属于较高贵等级的基础上,使他们的政体得到进一步的发展。他们的首要的英雄品德是虔敬,因为他们敬畏神明,尽管由于智力短浅,他们根据各种忧惧,把一神扩充成为多神。这种多神化过程已由史学家狄奥多罗斯·什库路斯(Diodorus Siculus)研究和证实了〔4.2ff;6.1ff〕;攸色布斯(Eusebius)在他的《为福音所作的准备》〔2.2〕,和亚历山大城的圣库理尔(St. Cyril)在《控诉幼里(Julian)大帝》里〔7.235ff〕都解说得更清楚。由于父主们具有虔敬的品德,他们也就具有审慎的品德,遇事求神问卜;他们还具有节欲的品德,每个人都以贞洁的方式和唯一的在求神问卜的典礼之下正式结成终生伴侣的那个女人交配;他们同时还有能杀死野兽和开垦土地的强壮气力,以及肯救助弱者和生命遭到

危险者的宽宏大量〔516〕。这就是赫库勒斯式的〔英雄〕政体的自然本性。在这类政体中,虔敬的明智的贞洁的强有力的宽宏大量的人们能打倒狂暴者,保卫弱小者,这就标志出他们的民政政府的优点〔553〕。

1100　但是氏族父主们既已凭宗教和祖先的品德,和通过受庇护者的劳动而变得强大之后,终于滥用庇护的法律来对受庇护者进行残酷统治。等到父主们既已背离公道这种自然秩序,他们的受庇护者就起来向他们造反了。但是人类社会既然没有秩序(这就是说,没有天神)了,就一刻也站不住,于是天意就引导氏族父主们自然地走向把他们自己和亲属团结成为一些阶层,来对抗他们的受庇护者们。为着绥靖这些受庇护者,氏族父主们就在世界中第一次土地法中向他们的受庇护者们让步,让受庇护者对所耕的土地拥有凭占领时效的所有权,而自己却仍保持权势者的所有权,即最高的氏族所有权。因此,最初的各城市就起来反对贵族们的统治阶层了〔582—598〕。原来在自然法状态中按照种、性别、年龄和品德方面的优越地位来形成的那种自然秩序(natural order)既已衰颓了,天意就在城市既已兴起时,创建出民政(或文明)秩序(civil orders)。这种民政秩序是最接近自然的,即凭人类的高贵性(因为在那种情况中高贵是以采取卜得神旨,举行正式结婚典礼来生育子女的方式为凭的),这样就是根据英雄体制,贵族们须统治平民们(平民们还不许行正式结婚典礼)。现在神权的统治(原先各氏族都凭天神的占卜权来统治)既已停止了,英雄们就得凭英雄政府本身的形式来执行统治。也就是这类政体的基本制度应是由各英雄阶层保卫着宗教,而且通过这种宗教,使一切

民法和制度都应只属于英雄们。但是等到贵族地位既已变成了运道的赠品(是否贵族可凭运道好坏),天意就安排了在英雄们中间有一种氏族父主阶层,由于年龄高,地位也就自然更高贵。在这些父主之中,天意又安排使那些最活跃强壮的起来作为国王,其职责就在领导和约束其他父主们,以便抵抗和威胁那些起来向父主们造反的受庇护者。

1101　但是随着岁月的推移和人类心智的远较巨大的进展,各族人民中的平民们终于对这种英雄体制的各种权利要求发生了怀疑,认识到自己和贵族们具有平等的人性,于是就坚持自己也应参加到城市中各种民政机关里去;到了适当的时机,各族人民自己都要当家作主了,天意就让先有一段长时期的平民对贵族的英勇斗争;斗争的目的是要把原由贵族们独占的宗教方面的占卜权推广到平民方面去,以便达到把原来被认为都依靠占卜权的一切公私机构都推广到平民们;这样一来,正是对虔敬的关心和对宗教的依附就把民政最高权移交给人民了。在这方面罗马人民在全世界中比其他各族人民都先走了一大步。因此,罗马人就变成当时世界各族人民的主子。这样一来,随着原来自然秩序日渐合并到各种民政秩序里去,民众政体[①]就产生出来了。在这类民众政体里一切须归结为抽签或平衡,就难免偶然或命运的统治。天意为着避免这种毛病,于是就安排了凭户口籍法来权衡一个人是否适宜于当官。因此,是勤奋者而不是懒怠者,是宽宏大量者而不是心胸软弱者,总之,不是具有某些品德或貌似具有品德的富人,也不是

① 即民主政体。——译者

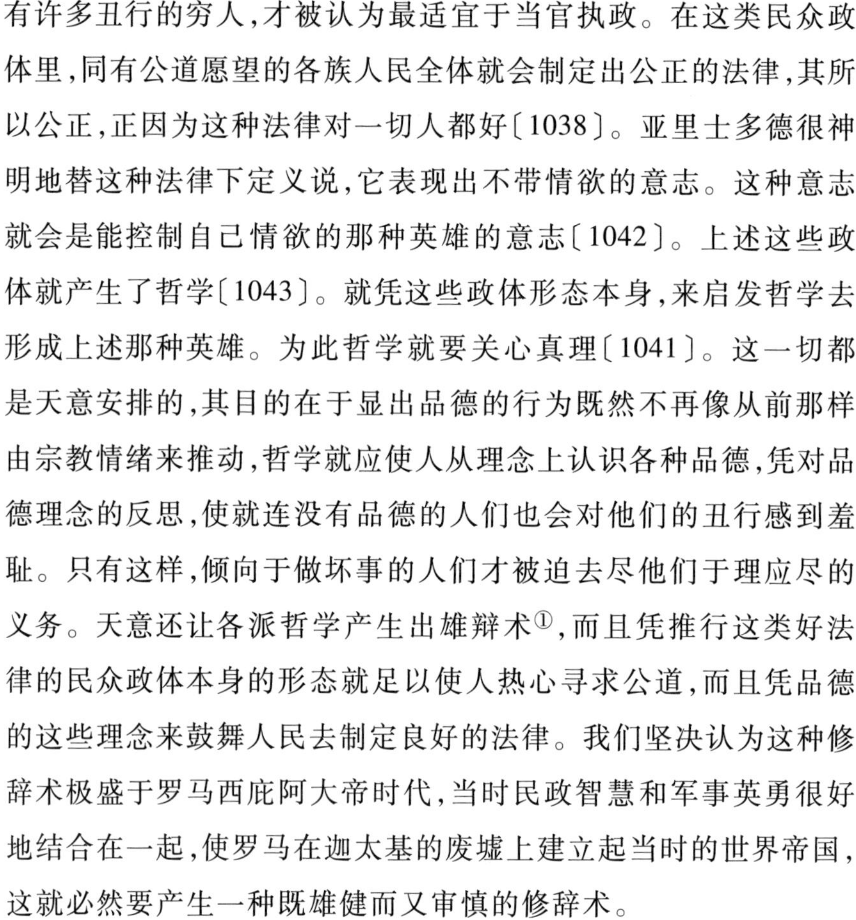

有许多丑行的穷人，才被认为最适宜于当官执政。在这类民众政体里，同有公道愿望的各族人民全体就会制定出公正的法律，其所以公正，正因为这种法律对一切人都好〔1038〕。亚里士多德很神明地替这种法律下定义说，它表现出不带情欲的意志。这种意志就会是能控制自己情欲的那种英雄的意志〔1042〕。上述这些政体就产生了哲学〔1043〕。就凭这些政体形态本身，来启发哲学去形成上述那种英雄。为此哲学就要关心真理〔1041〕。这一切都是天意安排的，其目的在于显出品德的行为既然不再像从前那样由宗教情绪来推动，哲学就应使人从理念上认识各种品德，凭对品德理念的反思，使就连没有品德的人们也会对他们的丑行感到羞耻。只有这样，倾向于做坏事的人们才被迫去尽他们于理应尽的义务。天意还让各派哲学产生出雄辩术[①]，而且凭推行这类好法律的民众政体本身的形态就足以使人热心寻求公道，而且凭品德的这些理念来鼓舞人民去制定良好的法律。我们坚决认为这种修辞术极盛于罗马西庇阿大帝时代，当时民政智慧和军事英勇很好地结合在一起，使罗马在迦太基的废墟上建立起当时的世界帝国，这就必然要产生一种既雄健而又审慎的修辞术。

1102　但是随着民众政体的腐化，各派哲学也腐化了。它们落到怀疑主义里去了，渊博的愚夫们落到诽谤真理了。从此就兴起一种虚伪的修辞术，对是非两面的意见可以随便时而拥护这一方面，时而又拥护对立的一方面。这就是修辞学的滥用，例如罗马的平民派的护民官们就这样滥用修辞术。当时公民们不再满足于

① 来宣传教育。——译者

用财产作为官的阶梯，就把修辞术当作获得政权的工具。于是就像狂暴的南风掀动了大海，这些公民们也在他们的政体里掀起了频繁的内战，导致纲纪的完全废弛。这样他们就使政体由完全自由堕落到无政府状态下的完全暴政或自由人民的毫无约束的自由，这就是最坏的一种暴政。

1103　对这种大病，天意按照下列几种人类民政制度变迁的次第来医治，不外在下列三种医方中采取一种：

1104　(1)首先天意安排了在这些民族中出现一位像奥古斯都大帝那样的人，把自己定为一位独裁君主，凭武力把全部制度和法律都掌握在自己手里，这些制度和法律尽管本来都是来自自由，现在已无法把它们加以节制和约束在适当的范围之内了。另一方面天意还安排好，使君主独裁这种政体形态本身能把尽管拥有无限主权的独裁君主的意志约束在自然秩序之内，能使各族人民对他们的宗教和自然的自由感到心满意足〔1007f〕，因为如果没有各族人民的心满意足，君主独裁政体终不能经久，也不能稳定。

1105　(2)如果天意在国内找不到这样补救方法，它就在国外去找。因为各族人民既已腐化到自然而然地成为自己的各种毫无约束的情欲的最下贱的奴隶了（例如爱铺张浪费、妖冶、贪婪、妒忌、骄横和爱虚荣之类），总是追求淫逸生活的乐趣，又返回到最下贱的奴隶们所特有的一切丑行（又变成了说谎者、诈骗者、搬弄是非者、盗贼、胆小鬼和冒充者），这时天意就注定了这种人就应按照来自各民族的部落自然法，沦为奴隶，受制于比他们较优秀的民族。这些较优秀的民族既已凭武力征服了他们，就把他们放在所管辖的各行省（provinces）里去保存下来。这种显示出自然秩序的两道大光辉，第一是：凡是不能统治自己的人就得由能统治他们的人去统治；其次是：世界总是由自然最适宜的人们来统治的。

1106 (3)但是如果各族人民在上述那种极端严重的民政大病中腐化下去，既不能协议在国内找一位独裁君主，又没有受到国外的征服，由较优秀的民族把他们保存住，那么，天意对他们的这种极端的重病，手上也有一种极端的拯救医方可用。因为这类民族，像那么多的野兽一样堕落到一种习俗里，人人都只想到个人的私方利益，达到极端软弱，或较好一点，达到极端骄横，他们就像一群野兽一样，稍有不快意时就耸起鬃毛，勃然大怒，拳打脚踢起来。这样，不管他们的许多肉体挤来挤去，冲来冲去，他们都像一群野兽一样，在意志和精神方面都极端孤寂地生活着，任何两个人都不能达成协议，因为每个人都只服从自己的快感或反复无常的幻想——由于这一切，天意就注定了他们通过固执的派系斗争和拼命内战，把他们的城市变成森林，又把森林变成人的兽穴和兽窝。这样，通过长期的野蛮生活，后来使他们变成野兽的那种邪恶心眼所产生的那些刁钻古怪的想法，就生锈腐烂掉了。原始人是曾被感觉功能的野蛮性作弄成的一些无人道的野兽，而现在这批野蛮人却被反思功能的野蛮性作弄成为一批更无人道的野兽了〔L_3〕。因为原始人还显出一种宽宏大量的野蛮习性，人们对这种野蛮习性还可以自卫、逃脱或保持警戒，而现在这批野兽却具有一种卑鄙的野蛮习性，在甜言蜜语乃至拥抱的掩护下，图谋侵害朋友乃至至亲骨肉的生命和财产。因此，达到了存心害人这种程度的野蛮人在受到天意的最后拯救医方中就变得耳昏目眩，真正野兽化了，不再感觉到各种舒适、精美食物、乐趣和壮丽排场了，只感觉到生活

的绝对必需品了。不过有少数人在还有丰富的生活必需品的情况下可以幸存,他们又自然地变成了可以过社会生活,就回到原始人世界的那种朴素生活,又变成信宗教,真诚而忠实了。这样,天意就把虔敬、信仰和真理带回到这批人中间,而虔敬、信仰和真理这三项正是公道的基础,也是天神的永恒秩序中,一切仁慈和优美事物的自然基础。

1107　我们关于全人类的各种制度所已提出的简单明了的看法,如果哲学家们,历史家们,语言学家们不曾告诉过我们更多的东西,就会使我们确有把握地说:这就是天神所创建和统治的全世界各民族的大城邦〔B_9〕。来可噶斯,梭伦,以及罗马十大执政官等人曾作为明智的立法者而永远受人们的极高度的崇敬,因为前此人们都相信这些人凭他们所制定的良好的制度和法律,创建了斯巴达、雅典和罗马这三个城邦,在最高尚伟大的品德方面使一切其他城邦都望尘莫及。可是这三个城邦比起全世界各民族来,统治时间都很短,而疆域也都很小。全世界各民族也都须用这些制度来治理,用这些法律来维持安全,就连到了衰微时期要采取的政权形态,也还是到处都只有靠法律才能维持长久的那些政权形态。我们不应该说,这是由一种超人的智慧所计划好的吗?因为如果没有法律的力量(据狄阿〔308〕说,法律的力量就像一个暴君的力量),但是法律还利用人们的习俗本身(遵行习俗,人们是表现他们自己的本性,有不受制于任何力量的自由,因此上述狄阿又说,习俗就像一些凭自己意旨去统治的国王),习俗的力量以神明的方式在〔对上述全世界各民族的大城邦〕施行统治和领导。

1108　这个包括所有各民族的人类世界确实是由人类自己创

造出来的。(我们已把这一点定为本科学的第一条无可争辩的大原则。因为我们从哲学家们和语言学家们那里已费尽心思想找出这样大原则而终于使我们绝望了〔330f〕);不过这个世界所自出的那种心智往往是不一致的,有时是彼此相反的,而且经常超出人们自己所追求的那些个别特殊的目的;用这些狭小的目的来为较广泛的目的服务,人类心智经常用这种办法来把人类保存在这个地球上〔M_9,342,344〕。人类存心要满足自己的淫欲而抛弃自己的子女,而他们却创建了合法的正式结婚制,各家族就是由婚姻制产生的〔505,520ff〕。家族父主们存心要对自己的受庇护者们毫无节制地运用父主权,而他们却使受庇护者服从民政权力,诸城市就是由民政权力产生的〔584〕。贵族的统治阶层存心要对平民们滥用主子的自由,而他们却不得不服从法律,而法律就奠定了民众自由〔598〕。各族自由的人民存心要摆脱他们的法律束缚,而他们却变成服从独裁君主的臣民〔1007f,1104〕。独裁君主们存心要巩固自己的地位,于是用各种淫逸的坏风气来腐化臣民,而结果却把人民送交较强民族手里去忍受奴役〔1105〕。这些民族存心要瓦解自己,而他们之中的幸存者却逃到荒野里去求安全,在那荒野里他们像不死的凤鸟,死了又活过来了〔1106〕。造成这一切情况的都是心智,因为人们是凭理智来做出这一切的;是心智而不是命运,因为他们这样做是经过选择的;也不是偶然机会,因为他们经常这样做的结果也永远是一样的〔F_6〕。

1109 因此,相信偶然机会的伊壁鸠鲁就被事实批驳倒了,他的门徒霍布士和马基亚维里也是如此;相信命运的芝诺和斯宾诺莎也是如此。证据清楚地证实了以柏拉图为首的那派政治哲学家

们的与此相反的立场。柏拉图说明了指导各种人类制度的是天意〔129ff,179〕。所以西塞罗做得很对,他拒绝和阿提库斯辩论法律,除非阿提库斯放弃他的伊壁鸠鲁主义,首先承认天意统治着各种人类制度〔335〕。普芬道夫凭他的假设就已隐含否定天意统治人类制度的意思,塞尔敦认为这是当然的,至于格罗特则根本不提天意安排〔394〕;但是罗马法学家们却把天意安排定作部落自然法的首要原则〔310,335,342,584,979〕。本科学已充分证明:凭天意,世界上最初各种政府都以宗教为它们的整个形式,只有依据宗教,氏族政权才有基础;由氏族政权转到各种英雄式或贵族式的民政政府,宗教也必定是它们的首要的坚实基础。上升到民众政府体制,宗教依然向各族人民提供达到各种民众政府的手段。最后政权安顿在各种君主独裁的体制上,也还是宗教成了独裁君主们的护身盾牌。因此,如果各族人民中没有宗教,就没有什么能使他们在社会里生活了;没有防卫的盾牌,没有共商国是的手段,没有支撑的基础,甚至简直没有使他们可以在世界上存在的任何形式。

1110　那么,就请伯尔考虑一下:事实上世界上是否有任何民族没有任何对天神的认识〔342〕!请波里比阿衡量一下他所说的“世界上如果有了哲学家们,就无需再有宗教”那句话是否确实〔179〕!因为只有宗教才能打动各族人民的情感,去做各种德行方面的事,也只有情感才能驱遣他们这样做,而哲学家们关于德行的得自推理的格言,只有在由高明的修辞术把实行德行的职责的情感煽动起来时才有用处。不过我们的基督教和一切其他宗教之间有一种本质区别,基督教才是真实的,而其他宗教却全是虚伪

的。在我们的基督教里,神的恩惠推动合乎道德的行为来达到一种永恒无限的善〔136,310〕。这种善不能来自各种感官,所以只有心灵为着达到这种善,才推动感官去采取各种合乎道德的行为。各种虚伪的宗教则与此相反,只要求各种有限的暂时的善,无论是在现世还是在来世(在来世他们期待的也只是感官快感的福泽),因此,要凭各种感官来驱遣心灵去做各种合乎德行的工作。

1111　但是天神意旨通过本科学所讨论的各种民政制度的次第,使它本身(天神意旨)在三种情感里可以感觉得到:第一是惊奇感;其次是崇敬感,这是被以往一切在古人无比智慧方面的博学者们都感觉到的;第三是他们在探讨这种智慧时心中所感到的火热的强烈愿望。这三种情感事实上就是天神意旨的三道强光在人们心中所引起的,但是这三种优美正直的情操后来被学者们的讹见和各民族的讹见所歪曲了〔125,127〕。未受歪曲的三种情感正是学者们所应赞赏、崇敬和愿望的,以便使自己和天神的无限智慧融成一体。

1112　总之,从本书上文所已提出的一切,最后应得出这样结论:本科学以对宗教虔敬的研究为它的不可分割的一部分,而且一个对宗教不虔敬的人,就不可能是一个真正具有智慧的人。

专 名 索 引

（说明：数字1—1112指译文的段落，A_1—M_{10}指英译者引论的段落）

附　　录

维柯自传

缘起(中译者扼要说明)

西方过去的科学家、哲学家和史学家们很少有像中国史学家司马迁那样写自传的,到了文艺复兴时代才逐渐有人写自传。维柯的《自传》是一部较早的样板。十八世纪初期,意大利在西班牙帝国统治之下,有一位西班牙贵族泡契阿公爵(Count Porcia)和一些贵夫人为着表示要振兴意大利的教育和学术,提出了一份"请意大利学者们写自传的建议","其目的在改良学校课程和教学方法,来提高学生们";作为自传的样本,"建议"后面就附载了维柯的这部《自传》。"建议"向自传作者要求:"说明出生时间和地点、父母亲属以及生平一切事件,叙述一切关于他的研究的真实细节。先从语法开始,说明语法是怎样教学的,用的是现在通行的方法还是某种新方法;如果是新方法,是否值得赞成,并说明理由。然后依次对各门技艺和各门科学都这样进行说明。要指出学校和教师的毛病及偏见,或赞赏他们的井井有条的课程表和健全的教学法。不要只说老师教得好坏,还要指出应该教而没有教的。

接着他就应转到他自己所研究的那门技艺或科学，说明他所追随的或讨厌的是哪些作家，理由何在；他自己已出版过或正在准备写哪些作品，受到怎样的批评，他自己现在怎样进行辩护，在哪些论点上准备承认错误。请他坦白承认自己的错误；只有经过应有的考虑之后，才本着宽宏大量的不偏不倚的态度辩护可以辩护的东西。”

这个建议不但得到意大利的一些著名作家的拥护（其中有缪腊托里〔Muratori〕和玛菲〔Maffei〕等名人），还得到法国哲学家路易·布尔格（Louis Bourguet）和德国哲学家莱布尼兹的支持。莱布尼兹在1714年给布尔格的一封信中表示了对上述建议的支持，还提到了笛卡尔说：“笛卡尔想要使我们相信他没有读过什么书，那未免太过分了。可是研究旁人的创造发明的方式如果能使我们见出那些创造发明的来源，使那些创造发明仿佛成为我们自己的，这毕竟是件好事。所以我希望作家们肯告诉我们他们的创造发明的历史，告诉我们他们如何一步一步地达到了那些创造发明。如果他们没有当心这样原原本本地说出来，我们就必须把那些步骤探求出来，这样才能使人从他们的作品中得到更多的益处。批评家们在评介书籍中如果能替我们这样做，他们就会对群众做了一件大有益的事。”

像莱布尼兹这样一位大陆理性派哲学家们的首脑对泡契阿公爵的“建议”的赞助当然起了很大的推动作用。特别值得注意的是，信中指责大陆理性派另一首脑笛卡尔的那番话是维柯特别欣赏的。（可参看他在1725年写的《自传》中谈他自己与笛卡尔的分歧的部分。)

维柯开始写自传是在1725年,当时他已完成他自称为“取否定方式的《新科学》”。所谓“否定方式”,是指着重批判过去的一些法学理论的错误,例如格罗特、塞尔敦和普芬道夫等人的自然法的体系,廊下派、伊壁鸠鲁派以及近代如霍布士、斯宾诺莎等法学家、哲学家的功利主义观点的错误。这样一来,篇幅弄得过于庞大,印刷费也发生了困难,原来可望替他出印刷费的考什尼大主教(Cardinnal Corsini)突然宣告他无力替维柯出印刷费,这对维柯是一次打击。当时他在皇家大学里只担任薪金甚微的修辞学讲师,但是在意大利学术界已享有很高的声誉,单从泡契阿公爵请学者们写自传的建议就特选维柯的自传作为样板这一件事上就可以看出维柯当时在学术上的重要地位。

《自传》原分甲、乙两编,都是维柯在不同的年代亲自写的;此外还有丙编,是维柯死后由他的生前好友维拉萝莎公爵夫人(Marguis Villarosa)写的关于维柯家庭琐事的回忆录,过去一直和《维柯自传》合在一起。各编次序、要点如下:

(A)甲编,是1725年写的。维柯回忆幼年所受的教育,在西班牙贵族堡寨中九年私塾教师的生活;他所受到的柏拉图(哲学)、塔西佗(史学)、格罗特(法学)和培根(哲学)的影响;他和笛卡尔的分歧;他对拉丁语文和法学的研究;他在皇家大学六次开学的公开演讲,讲他的教育经验和教育主张,这六次演讲可以看作维柯的教育学;《新科学》的写作和反复修改的经过;法国评论家姜恩·洛·克洛克(Jean Le Clerc)对维柯的赞扬。

(B)乙编,是1725年和1728年写的。《新科学》对普遍原则的追求,依靠语言学以及历史学和哲学两大支柱,对格罗特、塞尔敦和普芬道夫当代三大法学家的批判。重点在法学研究。

(C)乙编续,写于1731年。说明《新科学》的改写和出版情况。

(D)丙编,是维拉萝莎公爵夫人在维柯死后于1818年写的回忆录,记些维柯的家庭琐事和他临死的情况。

《维柯自传》的英译本的译者仍是《新科学》的英译者贝根(T. G. Bergin)和费希(M. H. Fisch)两人。《自传》的英译本和《新科学》的英译本1975年由美国康奈尔大学出版社分别作为单行本出版。《自传》的英译本载有费希的长篇引论,详细记述了《自传》写作和出版的经过,并且评介了《新科学》的出版经过及其意义和影响。费希还考订出一个颇有用的关于维柯生平的时历表,分三栏:甲栏记维柯生平,乙栏记那不勒斯先后在西班牙、奥地利以及法国波旁王朝统治之下的历史,丙栏记意大利北部以及欧洲的学术文化方面的重要事件。费希所写的引论和时历表都很有参考价值。

《维柯自传》大部分是作者暮年写的,中译本删去了一些繁芜琐屑的部分,只着重作者所受的教育,他对语言、法学、历史和哲学的学习,《新科学》的酝酿、写作和出版的过程,以及维柯当时在欧洲学术界的地位。至于他的许多应酬诗文,只略举一些突出的事例,用意在显出他在启蒙运动初期所面临的艰难处境和他本人思想和性格上的矛盾。

甲编,1725 年

扬姆巴蒂斯塔·维柯(Giambattista Vico)在 1670 年出生于那不勒斯[①],父母为人正直,身后留下了好名声。父亲为人和蔼,母亲却很忧郁,对孩子的性格都发生了影响。维柯幼时就很活跃,不活动就显得不耐烦。当七岁那年,他从顶楼跌到楼底,躺了五小时没有动弹,失去了知觉,右边头盖骨跌碎了,皮肤却没有破,头盖骨折损,头上肿起了一个大包,一些碎骨刺进肉里很深,因而失血很多。外科医生看到他头骨折损,很久不省人事,就预言这孩子活不长,否则也会长成一个呆子。凭老天爷的恩惠,这预言没有成为事实。但是这次误伤使他长大成人时性情既忧郁而又暴躁。聪明而又肯深思的人往往如此。由于聪明,他觉察事物之快有如电闪;由于思想的深度,他不喜欢文字上的俏皮或妄诞。经过三年多的长期休养,维柯回到了语法小学[②]。他对老师留给他的家庭作业做得异常快,他父亲疑心他粗心大意,有一天就问老师,他儿子做功课是否像一个好学生那样认真,老师回答说他很认真。他父亲就要求老师给他加倍的功课。老师不赞成,说他应该和全班学生们步调一致,不能自成一班,而且较高的那一班已走得很远了。维柯

① 维柯实际上生于 1668 年。父亲(1636—1708)是当地农民的儿子,在城里开了一个小书店。母亲是他父亲的第二个妻子,生下八个儿女,维柯是其中的第六个。维柯的外祖父是位制造马车的工人。——英译者

《自传》中年月日有时错误,可参看英译者考订的“时历表”。那不勒斯(Naples),意大利南部的一个小城邦,和北部威尼斯同为学术重镇。——译者

② grammar school,即西方的初级小学。——译者

听到了老师和父亲的这次谈话，就大胆地要求老师把自己提升一班，担保愿做必要的准备来赶上。老师答应了他的要求，与其说是相信这孩子真正办得到，倒不如说想试一试他的智力究竟如何。使老师诧异的是几天之后这孩子居然能自教自学。

等到这位老师去世了，他就被送到另一位老师处就学。不久他父亲听了旁人的话，又把儿子送到耶稣学会神父们办的学校里去受教。神父们把他放在第二年级。教师发现他很有才能，就让他和同班的三个最优生逐一竞赛。他打败了头一名，第二名在和维柯竞赛中就病倒了。第三名是神父们的宠儿，“名列前茅”而被提升到第三年级，这样就轮不到维柯升级了。维柯觉得这是对自己的侮辱，而且听说以后还要举行这样的竞赛，他就愤而退学回家，捧着通行的教本去自学还未学过的第三年级课程，还加上更高一级的人文学科的课程[①]。到了下年十月，他就转到学习逻辑学了。在这个时期，他经常伏案学到深夜。他母亲睡醒第一觉时，催他快点上床，但是她往往发现他一直读到天亮。这就预示到，他后来年龄较大时，在语文学习中会努力保持作为一个学者的声誉。

他碰巧得到一位唯名主义的哲学家，耶稣学会神父巴尔佐(Balzo)做他的教师。他在学校里曾听到说一位高明的“总结者”就是一位高明的哲学家，而且听说西班牙的彼得(Petrus Hispanus)是一位最擅长总结学[②]的作家，他就开始专心研究这位作家。

---

① 人文学科课程(humanistic studies)，指高级小学到中学的课程，包括语文学和逻辑学，这是人文学派教育的重点。——译者

② 总结学(Summulae)，即根据个别具体事件总结出普遍结论的学问，即逻辑学中的归纳法。——译者

他后来又从老师那里听说威尼斯的保罗(Paulus Venetus)在一切学者们之中最擅长总结学,他又开始研究这位保罗的著作,目的是要更上一层楼。但是他的心智还太弱,吃不消那种烦琐的逻辑学,茫然无所得,就把它丢开,感到绝望,从此就根本放弃了学习。(足见要青年人勉强学年龄还不许他高攀的那些科学多么危险!)从此他废学达一年半之久。在这里我们不想学笛卡尔那样狡猾地吹嘘他的学习方法论,那只是为着抬高他自己的哲学和数学,来降低神和人的学问中一切其他科目①。我们宁愿本着一位史学家所应有的坦白态度,一步一步地叙述维柯的那一整套的学习科目,以便使人们认识到维柯作为一个有学问的人所特有的发展过程自有它所特有的一些自然的原因。

就像一匹骏马在长期战争中受过良好训练之后多年都放牧在田野里随意吃草,如一旦偶然听到号角声,就会激起投入战场的欲望那样,维柯尽管背离了青年时代良好训练所指引的直捷道路,也很快就受到他的护神的鞭策,又回到已抛弃的道路上奋勇前进。这正碰上罗冉佐的一所著名的学院在"发疯"(乱搞)许多年之后又恢复正常了。那里一些卓越的学者、主要的律师、参议员和城中贵族都共处在一起。凡是著名的学院就对他们所在的城市产生这样的好结果,青少年们出身好,经验浅,受了这些学院的教育,就满怀信心和高尚的希望,热爱从事研究。为着争取赞赏和光荣,等到知事识理的时期就关心各种实际利益;他们可以老老实实地凭品

① 指文学和历史学。——译者

德和才能去获得那些实际利益。[①] 此时，维柯在癸色普·芮契(Giuseppe Ricci)神父教导之下又回到哲学了。这位神父是一位耶稣学会会员，一位有深沉洞察力的学者，在学派上是位斯考特主义者(Scotist)[②]，骨子里是位芝诺主义者(Zenonist)[③]。维柯从芮契神父那里高兴地听到说"抽象的实体"(abstract subtance)比起唯名主义者巴尔佐所宣扬的"形态"(modes)还有更大的真实性。这也预示出维柯后来还会被牵引到讨论芝诺所说的"点"(points)，正如亚里士多德在《形而上学》里也讨论过"点"一样，但是带着相反的心情。在维柯看，芮契神父费了过多的时间去说明存在与实体在形而上学的程度上的分别。维柯急于求新知识，所以对经院派的区分和争论感到不耐烦。维柯曾听说苏阿越兹(Suarez)神父在他的《形而上学》里讨论过在哲学里凡是可知的事物，其讨论方式也用形而上学家所应有的那种平易近人的文风，事实上他是一位杰出的词章家。因此维柯又离开了学校，回到家里去自学苏阿越兹。

这时维柯有一次去皇家大学听课，听的是费理契·阿夸第亚(Felice Aquadia)讲的课。这位主任法学教师谈到赫尔曼·乌尔特斯(Hermann Vulteius)就民事制度写出了一部最好的著作。维柯把这句话记在心里，这是使他对自己的学习程序作了较适当的

① 这是维柯的理想的教育目的。——译者

② 斯考特主义者(Scotist)，来自斯考特(Duns Scouts)，他13世纪在牛津大学和巴黎大学都讲过学，属于唯名主义派(nomist)，认为宗教信仰不一定符合理性，强调意志自由。——译者

③ 芝诺主义者(Zenonist)，来自芝诺(Zeno)，他是公元前4世纪人，希腊廊下派哲学的创始人，主张清静无为，虔修敬神。——译者

安排,而且后来在对法学学习方面得到了进展的主要原因。因为他父亲后来决定要他学法学,就把他送到弗朗切斯科·维尔德(Francesco Verde)那里求教,因为维尔德是近邻,主要还是慕他的盛名。维柯跟他学了两个月,这位教师给他讲的都是关于民事法庭和宗教法庭处理案件的细节。作为一个青年,维柯还看不出这些案件所依据的原则。这也是理所当然的,因为作为青年,维柯还没有从形而上学的学习中养成可掌握共相的心理功能,不能根据公理或准则来就特殊事例进行推理,所以他就向父亲说,他不想再跟维尔德学下去了,因为从他那里学不到什么。他现在要利用阿夸第亚向他讲过的那句话,就请他父亲去向一位收藏法学书很多的法学博士尼柯拉·玛利亚那里去借一本赫尔曼·乌尔特斯的著作。他说有了这部著作,他就会自习民法。他父亲听到很惊讶,因为维尔德作为教师是受到广泛欢迎的。不过他父亲为人谨慎,就答应了他的要求。那部书在当地很难得,他父亲本是书商,想起自己过去曾送过一本给尼柯拉·玛利亚,就去向玛利亚索回这部书。玛利亚要亲自问维柯本人为什么要索还这部书,维柯就告诉他说,在维尔德的课堂里只有记忆力才得到训练,而智力却因不用而荒疏。维柯的判断力使这位老好人很高兴,向维柯的父亲预言维柯将来会有成就,马上就把那部书赠送给了他,而且还加上了亨利·卡尼苏斯(Henricus Canisius)的《宗教法规》,说这是关于教会法规的一部最好的书。这样,阿夸第亚的一句忠告加上尼柯拉·玛利亚的一件慷慨赠品,就把维柯引向民法和宗教法的正路上去了。

维柯从此特别审校了民法中的一些引文,在两点上感到很大乐趣。第一点是发现经院派注释家们在对法律条文作总结时,总

是把罗马法官们和罗马皇帝们秉公道处理具体案件所下的命令或诏谕中的对公道的具体考虑归结为一般性的公道箴言或公道准则。这就把维柯的注意引向一些中世纪法学注释家们，后来看出这些注释家们就是一些主张自然法的哲学家。另一点是他看到法官们自己曾费辛勤的努力考察他们所解释的那些法律条文，上议院的指令和执政官的诏谕的用字措辞，他后来看出这些人文主义派解释法律者正是些纯粹的关于罗马民法的史学家。这两大乐趣中每一种都是一种预兆，前一种预兆到维柯的一切研究都在探求普遍法律的一些原理，后一种预兆到维柯要从拉丁语言研究中获得益处；特别是罗马法的习惯用语，其中最难的部分是知道如何对法律用语下定义。

维柯据民法和教会法规的条文把这两种法都研究过了，丝毫没有注意到五年法学训练期所要学的所谓“资料”，就决定申请到法院去实习。为着让他在法院实习中得到教导，他家庭有一位恩护主，也是一位公正的参议员，就把他介绍给参议员法布里粹阿(Fabrizio)。碰巧他得到一个机会，能更好地了解诉讼程序，那就是一宗委托给格罗尼牟·阿夸维瓦(Geronimo Acquaviva)承办的在宗教法庭上控诉维柯父亲的案件。维柯当时才十六岁，就毅然独自为这宗案件作了准备，在上述法布里粹阿协助之下，上最高教会法庭替父亲作了辩护，而且获得了胜诉。他的辩护词得到一位著名的法学家、最高教会法庭参赞的赞赏；在离开法庭时，他还受到对方律师的祝贺。

从这次结果以及许多类似案件，很容易看出人们在某些门类学术中一开始就可以搞得很好，而在其他门类学术中由于缺乏对各部分融贯一致而构成整体的那种全面认识的指导，却始终陷在错误的迷径中。当时维柯的《论当代各科学术的研究方法》(*On the Methnd of the Studies of Our Time*)一书的思想在他心中已成形了，后来扩充成为他的《普遍法律的唯一原则》(*On the One Principle of Universal Law*)那部书，其附编就是《论法学的融贯一致性》(*On the Consistency of the Jurisprudent*)[①]。

同时，维柯尽管已掌握了始终从总类及其分支的关系中认识真理的那种形而上学的心智，他却转而迷失在近代诗的一些最腐朽的风格中。这种诗只有在渺茫和虚伪中才得到乐趣。在这方面，他受到嘉柯谟·路布朗诺(Giacomo Lubrano)神父的鼓励。这位耶稣学会的神父以宗教方面的辩才享盛名，而这种辩才在当时几乎到处都已在衰落。有一天维柯去访问这位神父，拿出自写的《咏玫瑰花》短诗请教。神父看过甚欢喜，尽管他已届高龄，却向这位青年朗诵了他自己过去写的也是咏玫瑰花的一首田园体短诗。维柯用这种体裁写诗，本来只想在巧智(wit)方面训练心智功能，其中乐趣只在所陈述的故事虽不近情理而又有几分近情理，使听众在不期然而然之中发生惊奇感。所以这种诗惹严肃的老人讨厌，却使心智软弱的青年人喜欢。事实上这种妄诞玩艺对青年人来说也可以看作多少是一种必要的消遣。因为在这种年龄，心思应自由驰骋，以免过早地养成成年人所特有的严肃拘谨的判断力，以致使青年人的精神日趋僵化和枯竭，什么事都不敢尝试。

在这个时期，维柯本已虚弱的身体受到肺病的威胁，而家庭经

① 即《新科学》的基础。——译者

济状况又日益贫穷，可是他仍渴望有暇继续学习。他对法院中的喧嚣深感厌恶。碰巧在一家书店里他和格罗尼牟·罗卡(Geronimo Rocca)大主教相遇，就法学的正确学习方法问题谈过一次话，这对他是一个好机会。这位大主教就是一位卓越的法学家，从他的著作中就可以看出。他对维柯的看法非常满意，就极力邀维柯到契伦陀(Cilento)堡寨去替他的侄儿们当教师。这座堡寨环境幽美，气候温和，原属大主教的哥哥多曼尼柯·罗卡(Domenico Rocca)。维柯发现这位东道主是一位最和善的恩护主，和维柯一样爱好诗。他对维柯说，他一定把维柯当作自家的儿子看待，而事实也确是如此。温和的气候恢复了维柯的健康，他有足够的闲工夫来做研究工作了。

维柯在这座堡寨里住的九年之中，在学术研究中取得了极大的进展。如他的任务所要求的，他埋头深入钻研了民法和教会法规，教会法规迫使他学习教条方面的神学，深入到关于神恩(grace)[①]的天主教教义的中心。在这方面他主要得力于阅读巴黎大学神学家芮迦杜(Richardus)的著作。芮迦杜用一种几何学方法证明了圣·奥古斯丁的教义处在卡尔文(Calvin)和迫拉顾斯(Pelagius)这两极端的中间[②]，而且和其他接近这两极端的教义相去也一样远。这种地位布置使维柯后来思索出关于各民族的自然

① 指人生下来就犯了原始罪孽要靠神恩才可赦免的那种天主教教义。——译者

② 卡尔文(Calvin)是16世纪法国宗教改革家，“原始罪孽”说的倡导者，认为人生下来就犯了“原始罪孽”，只有神恩才可赦宥。迫拉顾斯(Pelagius)否认原始罪孽说和神恩赦宥说，认为人类要凭自己的意志去行善，这是一种新教思想的萌芽。——译者

法的一条大原则，既可以从历史方面解释罗马法乃至一切其他异教的民法的一些起源，而从哲学方面看，又符合关于神恩的正确教义。同时，罗冉佐·瓦拉（Lorenzo Valla）谴责一些罗马法学家所用的拉丁文不够典雅，也引起维柯进修拉丁文，从西塞罗的著作开始。

不过，当维柯还醉心于陈腐诗风时，他在契伦陀堡寨一间图书室里看到一本书，后面附载了对一位名为玛莎（Massa）的教师所写的一首短诗的评论，其中谈到“特别是维吉尔所用的那种音律奇妙”这句话打动了维柯，引起他渴望研究拉丁诗人们，从他们的老祖宗[①]入手。从此他就开始厌恶自己原先用的那种诗律风格，转到从塔斯康[②]文艺祖宗们的作品来学习塔斯康语，在散文方面研究薄伽丘，在诗方面研究帕屈拉克。他一天隔着一天轮流地把西塞罗和薄伽丘摆在一起、把维吉尔和但丁摆在一起、把贺拉斯和帕屈拉克摆在一起来研究，渴望要分辨他们之间的差别。他从阅读中认识到在所有的三种对比中，拉丁语比意大利语都优越得多。他的办法是按计划每一次都要把这两种语言中最优秀的作家们阅读三遍。第一遍把每一作品作为整体来掌握。第二遍注意起承转合的布局。第三遍更注意细节，搜集思想和语言的美妙特点，在书上作出标志而不另外记在笔记簿上；他认为这种办法在需要利用原文时可以照顾到上下文而不致断章取义，上下文是衡量有效的思想和表达方式的唯一尺度。

① 指维吉尔。——译者

② 指古意大利。——译者

在读贺拉斯的《诗艺》时，维柯看到其中谈到诗的暗示性的最丰富的来源要在古希腊的伦理哲学著作中去找，他就认真去钻研这方面的著作，从亚里士多德的《伦理学》开始，因为他注意到讨论各种民政制度的许多权威都经常提到这部著作。在这种研究中，维柯注意到罗马法学是一种讲究公道或正义的艺术，是由无数关于自然法的特殊箴规表达出来的，而这些箴规又是法学家们根据法律条文的理由和立法者们的意旨抽绎出来的。但是伦理哲学家们所教导的那种关于正义的科学却是从形而上学中由一种理想的正义定下来的少数几条永恒真理。在诸城市的具体工作中，这几条永恒真理就起了建筑师的作用，来掌管交换和分配这两种特殊具体的公道法律，仿佛有两位神明的工匠用两种永恒尺度来测量种种利益。这两种尺度就是由数学证明的两种比例，一是代数学的比例，一是几何学的比例。从此维柯就开始认识到用普遍常用的那种研究法还达不到应有的法学训练的一半，因此维柯又回过头来研究形而上学。但是他发现亚里士多德的形而上学对他毫无帮助。也不知道为什么理由，他接着就去学柏拉图的形而上学，这不过是慕他的“哲学家的老祖宗”的盛名。只是在取得不少进展之后，他才懂得在研究伦理哲学方面，亚里士多德对他自己何以无用，正如他对阿拉伯大学者阿维尔罗斯（Averroes）无用一样。这位阿拉伯大学者对亚里士多德的《注疏》不曾使阿拉伯人变得比过去较文明或较近于人道。因为亚里士多德的形而上学导向一种物理学原则，那就是各种形态所自来的物质；事实上他把神看成一种陶匠，在凭自身以外的器材去工作。但是柏拉图的形而上学却导向一种形而上学的原则，即永恒理式从它本身伸展出和创造

出一切物质，就像一种输精的精神形成自己的卵一样。根据他的形而上学，柏拉图创建出一种以理念(idea)[①]起建筑作用、以德行或公道为基础的伦理哲学。柏拉图就尽力思索出一种理想的政体，并在他的《法律篇》里定出一种同样的理想的公道。从这时起，维柯就不满意于把亚里士多德的形而上学看作理解伦理哲学的一种帮助，并且发现自己倒已从柏拉图的形而上学里得到教益。从此他就不知不觉地开始有一种想法的曙光，要思索出一种应为一般城市都按照天意或神旨来共同遵守的理想的永恒法律。此后一切时代、一切民族的一切政体都是由这种理想来创造的。这本是柏拉图按他的形而上学所应想到的"理想国"，但是由于柏拉图还不知道世上最初那个人的堕落[②]，他就被关在这理想国的门外了。

同时，西塞罗、亚里士多德和柏拉图的哲学著作都是为着研究出人类在文明社会中的妥善安排而写出的。这就使维柯不喜欢廊下派和伊壁鸠鲁派的伦理哲学，因为这两派所倡导的都是孤独汉们的伦理哲学，伊壁鸠鲁派是些关在自家小花园里的懒汉，而廊下派则是企图不动情感的默想者。维柯开始从逻辑学一跳就跳到形而上学。这一跳之后，维柯就一直轻视亚里士多德，伊壁鸠鲁以及最后笛卡尔那三派的物理学；从此他就感到自己喜爱的是柏拉图

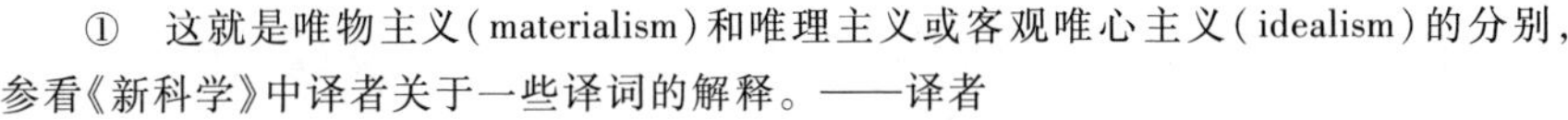

① 这就是唯物主义(materialism)和唯理主义或客观唯心主义(idealism)的分别，参看《新科学》中译者关于一些译词的解释。——译者

② 最初的人指亚当，他和夏娃偷食禁果，被逐出乐园。维柯指柏拉图生在《旧约》之后还不能分辨犹太民族(所谓"上帝的选民")与诸异教民族的分别。《新科学》所讨论的各民族主要是所谓"异教民族"(gentile nations)即基督教外的诸民族。——译者

所接受的埃及学者提摩斯(Timaeus)的那种物理学,认为世界是由一些数字所构成的。维柯也不肯轻视廊下派的认为世界是由一些点组成的那种物理学,因为这种物理学和提摩斯的物理学之间并无实质性分别。实际上维柯后来在他的《意大利人的最古智慧》那部著作里曾试图重新奠定提摩斯的物理学。最后,维柯无法无论是认真地还是开玩笑地接受伊壁鸠鲁或笛卡尔的那种机械式的物理学,因为他们都是从错误的立场出发的。

因此,等到维柯既已认识到柏拉图和亚里士多德两人往往运用数学论证来说明他们在哲学上所讨论的问题时,就觉得自己不能很好地理解他们,所以他就决定研究几何学,一直深入到欧氏(Euclid)几何学的第五条公理(proposition)。他想到这条公理的证明要归结到用一些三角形的互相对应来证明某一三角形的边和角恰和另一三角形的相应的边和角相等。他发现自己如果把那许多零碎的真理放在一起,作为一种形而上学的类(genus)来理解,比起作为许多个别的几何数量来理解要较容易①。他从殊相的这种缺点中认识到这样一条真理:特宜于追究琐屑细节的那种学问所要的智力就不适宜于在研究形而上学中已惯于掌握普遍性的那种心智。所以他就放弃这种几何学的研究,因为几何学的研究使他的已由于长期研究形而上学而惯于在无数类别中自由活动的那种心智受到封锁和束缚。而且在经常阅读修辞学家、史学家和诗人的作品之中,他的心智就习惯于从观察到相距很远的事物也有某种共同点或联系而感到乐趣。这些联系就是辞章的美丽修饰,

① 从共相比起从殊相来理解有较大的概括性。——译者

使精细而微妙的东西特别显得可爱。

古人有理由认为几何学的学习对儿童很适宜，把几何学的学习看作适宜于儿童的一种逻辑，因为儿童对事物的类性还难理解，正如他们对于殊相或具体事物较易于理解，也较易于把殊相排成序列。亚里士多德本人尽管用几何学所用的方法抽象出三段论法，也承认这个道理，所以他才说儿童们宜于学习语文、历史和几何学这些宜于（训练）记忆力、想象力和知觉力的科学。因此我们不难理解现在正在流行的两种有害的教学方法对儿童在起破坏作用。

头一种有害的教学法是让小学还没有毕业的儿童就学所谓安诺德（Arnauld）式的逻辑学[①]来为学哲学作准备，这种逻辑学需用大量的对远离普通常识的那种高等科学的深奥课题进行谨严的判断，结果是伤害青年们的智能，而这种智能本应由另一种训练来发展，例如发展记忆力宜用语言的学习，发展想象力宜用诵读诗人、历史家和辞章家的作品，发展知觉力宜用平面几何学。平面几何学在某种意义上是一种制图学，既能用它的许多要素来加强记忆力，又能用极细致的线条画出的最清楚的图案来精化想象力，锐化知觉力，使儿童能从遍览所有图形来发现证明所需要的数量。这一切到了判断力成熟的时期就会开花结果，形成一种能言善辩、活跃锐利的智慧。但用上述那类逻辑学来把孩子们过早地引到批判方面去，也就是在他们还不能正确理解时就进行批判，是违反思想工作

① 安诺德是一种经院派形式逻辑的创始人。——译者

的自然过程(这种自然过程应是首先理解,其次判断,最后才是推理)的,这就使孩子们在表达方面很干枯。自己没有什么实践,就把自己抬高到对一切进行批判的地位。另一方面,如果儿童还处在感觉的年龄就开始致力于问题学(Topics)这种创造发明的技艺(像维柯自己在少年时代追随西塞罗所做的那样),就不会得到足够的资料以便后来根据它来提出稳妥的意见,因为任何人对一件事物如果还没有完全的知识,就无法对它提出稳妥的意见;问题学就是对任何事物要找到其中所有的一切。从此可见,自然本身就会帮助青年人成为哲学家和优良的演说家。

另一种不好的教学方法就是用代数的方法作为教数量科学的一些因素。这种方法会把青年本性中最茂盛的一些因素归于僵化;它会弄昏他们的想象力,削弱他们的记忆力,钝化他们的理解力,而这几种因素对培养青年们的最优美的文化都是必要的。想象力对绘画,雕刻,建筑,音乐,诗歌和辞章都是最必要的;记忆力对学习各种语言和历史都最必要,感觉力对创造发明最必要,理解力对谨言慎行最必要。但是代数学这种科学像是阿拉伯人随意把某些数量的自然符号变成某些数字,例如代替数字的符号在希腊人和拉丁人中间是用他们的字母,而字母在这两种文字中(至少是大字母)都是正常的几何线条,而阿拉伯人却把它们化成十个小数字(1,2,3,4,5,6,7,8,9,0)。所以感觉力受到代数的打击,因为代数学只看到眼底下的东西;记忆力也弄乱了,因为一找到第二种符号,代数学就不再注意第一种符号;想象力也变成盲目了,因为代数学无须用形象；理解力也被毁灭了，因为代数学承认自己在猜测。青少年们在代数学方面花了很多时间，结果使他们后来在应付民政生活方面的事务时就不那么熟练，感到伤心和追悔。因此，为着要使代数学提供某些效益而不至于产生某些坏结果，代数学就应等到全部数学课程都学完之后，再学一个短时期就行了。运用代数，也应像罗马人运用数字一样。罗马人在碰到巨额数字时，就运用点（……）来表示。同理，在寻找所需要的数量时，我们人类的理解力如果一味拘守综合法，倒不如乞援于分析法。另一方面，就分析法对健全的推理很有必要来说，最好是通过形而上学的分析来养成健全推理的习惯。在每一个问题上，我们都应在无限存在中寻出真理；然后循正常的步骤下降，逐步消除凡是不适用于总类中每一个种的东西，直到最后达到终极的微分数（种差或定性），这才是我们想知道的那件事物的要素。

（这篇颇长的题外话是维柯在大学开学时宣讲的一篇演说，要使青年们知道为着从事辞章学应选择和运用的各门科学。）

现在回到本题。维柯发现了几何学方法全部秘诀就在于：首先须就推理要用的一些名词下好定义；其次是和论敌商定好某些共同准则；最后在必要时谨慎地要求和论敌商定某些为事物本性所许可的让步或条件，以便为辩论提供一种基础，讨论如果没有这种让步或条件便达不到结论；并且运用这些原则在论证中逐步由较简单的真理过渡到较繁复的真理，并且永不肯定较繁复的真理，除非先已逐一检查过其中组成的各个部分——维柯便认为学会几何学的推理方式，唯一的好处就在于他从此就知其所以然（know how）。事实上维柯后来在写《普遍法律的唯一原则》那部著作时就用这种几何学的方法。下文还要提到，姜恩·洛·克洛克（Jean Le Clerc）就认为《普遍法律的唯一原则》那部著作是“用一种严格的数学方法”写成的。

现在顺序就要略向前回顾一下，来追述维柯在哲学方面的进展步骤。当他离开那不勒斯时，人们已开始按照嘉桑底（Gassendi）的译述去研究伊壁鸠鲁的哲学。两年之后，维柯听说青年们都已变成了伊壁鸠鲁的信徒，就想从卢克莱修的著作中研究伊壁鸠鲁派的哲学。通过阅读卢克莱修，维柯认识到：伊壁鸠鲁由于否认心灵与物体之间有任何类性或实质的分别，缺乏一种稳妥的形而上学，所以心灵还很狭隘，把已形成的物质当作他的哲学的出发点；他把这种物质划分为多样的终极部分或微粒，而这些微粒他又认为是由其他他想象为不可再分割的那些部分组成，因为其中没有真空。这种哲学只能满足愚妇和顽童们的狭隘心智，而且尽管伊壁鸠鲁连对几何学也无知，却仅凭一种安排得很好的演绎法，在他的机械式的物理学的基础上建筑起一种像约翰·洛克（John Locke）的那样全凭感觉的机械式的形而上学，以及一种只适宜于过孤独生活的人们的享乐主义的伦理学，事实上伊壁鸠鲁确实劝告他所有门徒们过孤独生活。对维柯说句公道话，他一方面对伊壁鸠鲁派这种对物质的自然界的各种形式的解释感到很高兴，但对伊壁鸠鲁派在解释人类心灵活动时竟不得不说出许多废话和荒唐话，也不免怜悯他。所以对伊壁鸠鲁的阅读只使维柯更坚信柏拉图的主张。柏拉图根据人类心灵本身的性质，不用任何假设，就

奠定了永恒的理念(idea)作为一切事物的大原则,其基础就在我们人类对自己的知识和觉悟(scienza e coscienza)。因为在我们人类心灵里有一些我们无法误解或否认的,不要任何假设,就把永恒理念(the eternal idea)奠定为万事万物的大原(principle),根据就是我们人类对自己的知识和觉悟。因为在我们人类心灵里原有一些我们既不能误认又不能否认的永恒真理,所以这样一些真理不是由我们造作的。但是,此外我们感到有一种自由,对一切依存于身体的事物在思索到它们时就在制造出他们。也就是说,我们从思索到它们,就是在一定时间内制造出它们,把它们完全容纳到我们本身之内。[1] 举例来说,我们凭想象力去想象,凭记忆力去回想,凭情欲的感觉去获得色、声、香、味、触。我们把这一切都纳入我们自身之内,但是永恒真理却不是由我们自己制造出来的,不依存于我们身体的,我们就必须把完全不依存于身体而和身体隔开的一种永恒理念看作万事万物的本原,这身体在起意志时,就在时间内创造出一切事物,把它们包容(contain)在自身之内,凭包容它们就支持住(sustain)它们。凭这条哲学原理,柏拉图在形而上学里奠定了一些抽象的实体(abstract substances),比起具体的实体还更真实。从这种哲学原则,柏拉图得出一种在民政生活中始终很适用的伦理学,使苏格拉底学派本身及其继承人在和平与战争时期的诸技艺中向希腊人提供了最光辉的光照。而且柏拉图承认了提摩斯(Timaeus)物理学,即毕达哥拉斯的物理学,认为世界是由数字(numbers)构成的。数字在某一种意义上比芝诺在解释

① 这是维柯所强调的"认识凭创造"的基本原则。——译者

自然事物时所看中的那些形而上学的“点”还更抽象,像维柯在下文还要提到的他的《形而上学》里所说明的。[①]

此后不久,维柯认识到实验物理学的声威在日益上升,在这方面,每个人的嘴上都挂着罗伯特·波义耳(Robert Boyle)这个名字。不过在维柯看来,这种物理学尽管对医学和食物学有些用处,他自己却不想问津,因为它对于研究人的哲学毫不相干,而且他自己所关心的主要是对罗马法的研究,而罗马法的主要基础是人类习俗的哲学,即罗马的语言和政治制度的科学,这种哲学和科学只有在拉丁作家们的著作里才可以研究出来。

临到维柯过完了九年之久的幽居生活时,他听说笛卡尔的物理学已使前此一切物理学体系都黯然无光了,因此,他渴望得到一点这方面的知识。其实,由于一种凑巧的骗术,他本已和笛卡尔的物理学打过一些交道了。因为他从他父亲的书店中带来的一批书之中就有一部王家的亨利(Henri Du Roy)著的《自然哲学》[②]。“王家的亨利”就是笛卡尔初出版这部书时所戴的假面具。[③] 从研究卢克莱修转到研究“王家的亨利”(这位哲学家是以医学为职业的,除数学外别无所长),维柯认为此人对形而上学和伊壁鸠鲁一

---

① 这是维柯同时强调的尽管认识真理凭创造,客观的永恒真理还是不随人的意志为转移的。这里所争论的其实就是我们现在争论的“唯心与唯物”的问题。维柯认为“理念”(idea)是客观永远存在的永恒真理。后来人们把 idea 这个词了解成为“唯心主义”的货色,于是在哲学史上就造成两千多年来的不断的争论。——译者

② 原书名《物理学基础》,1646 年出版,其中大部分是抄袭笛卡尔的。笛卡尔自己在他的《论原则》(Principia)的序文里曾揭穿“王家的亨利”这个骗子。——英译者

③ “王家的亨利”并不是笛卡尔本人而是笛卡尔的剽窃者,维柯把两人看作一人,这是一种误解。——译者

样无知，而伊壁鸠鲁并不曾想要学数学。因为他也是从错误的假设出发，在自然中假定了一种原则，即已形成的物体。他和伊壁鸠鲁的仅有的一些分别在于：(1)伊壁鸠鲁把物体的可分性终止于微粒或原子，而“王家的亨利”则认为物体在长宽厚三面都可以无止境地划分下去；(2)伊壁鸠鲁使运动在一种真空中进行，而“王家的亨利”则使运动在一种全实体中进行；(3)伊壁鸠鲁认为他所设想的无限数世界是由许多原子由于本身重量和引力而向下运动中的偶然摆动而开始形成的，而“王家的亨利”则认为他所设想的无限数旋涡之开始形成是由于一块静止的(所以还未划分的)物质受到一种冲击力而运动起来，于是划分的许多微粒，而且尽管受到自身重量的阻挠，却被迫试图沿着一条直线运动，由于这种运动受到全实体的阻挠，而且由于物体已划分为许多微粒，每个微粒就围绕它自己的中心旋转；(4)正如伊壁鸠鲁凭微粒或原子的偶然摆动使世界受制于偶然机会，而越涅[①]也认为最初微粒必然要试图采取直线运动。在维柯看来，这种体系只有相信世界受制于盲目命运的人们才可以接受。[②]

维柯正有理由为上述意见而庆贺自己，等到他回到那不勒斯时，他才知道“王家的亨利”的物理学就是越涅·笛卡尔的物理学。笛卡尔的《形而上学的默想录》那时正在风行。他这人过于热心追求荣誉，一方面试图以一种以伊壁鸠鲁为模式的物理学，第

① 越涅(René)是笛卡尔的乳名，维柯误认为“王家的亨利”和笛卡尔实为一人。实际上“王家的亨利”的《物理学基础》(1646年出版)是剽窃笛卡尔的物理学著作，笛卡尔自己曾揭穿过。——译者

② 维柯的四点驳斥是针对笛卡尔(王家的亨利)的物理学而发的。——译者

一次从世界最著名的乌特越希特(Utrecht)大学讲座上以一个医生的身份发表出来,以便在医学界猎取盛名,而另一方面他又以柏拉图的方式写出形而上学的几点粗略纲要,费大力来定出两种实体(substance),一种是有体积的实体,另一种是能思维的实体,这样就使物质受制于一种非物质而起能动作用的像柏拉图所设想的神,以便有朝一日也在教会僧院里起统治作用。在教会僧院里亚里士多德的形而上学早在第十一世纪就已输入了。尽管亚里士多德是凭他自己对哲学的贡献,他的形而上学在以前曾为并不敬神的阿拉伯人阿维尔罗斯派利用来为他们的目的服务。[①] 可是亚里士多德的形而上学基本上还是柏拉图的,基督教就很容易利用它来为自己的宗教目的服务,所以正如基督教从它一开始直到十一世纪都曾用柏拉图的形而上学施行统治,从十一世纪以后它也就一直用亚里士多德的形而上学继续施行统治。维柯是正当笛卡尔的物理学风行时回到那不勒斯的,他就常听到格列高里·卡洛卜列斯(Gregorio Caloprese)说,笛卡尔的形而上学会把亚里士多德的形而上学从教会僧院里驱逐出去。[②] 此人是笛卡尔派的一位大哲学家,很重视维柯。

但是笛卡尔哲学从它的各部分是否形成整一体来看,就简直不是一个始终一致的体系。因为笛卡尔的物理学所要求的一种形而上学须假设一种独一无二的实体(substance),即物体的实体,是由必然来操纵的(如上文已提过的),正如伊壁鸠鲁的形而上学也

① 阿拉伯人反对信神的宗教。——译者

② 关于维柯对基督教会的态度,这段话值得特别注意。——译者

要求一种独一无二的实体,也是由偶然机会来操纵的物体的实体。笛卡尔和伊壁鸠鲁在这一点上是一致的:凡是物体的变化有无限的种类;凡是物体的形态(modes)都是物体实体(substance)的变相,而形态本身却并没有实体性的存在。此外,笛卡尔的形而上学也产生不出任何符合基督教的伦理哲学。他自己所写的关于这方面的少数论著并不能形成一种伦理哲学,他的《论情欲》(*Passions*)一书对医学的用处大于对伦理学的用处。就连马勒布朗希(Malebranche)神父也无法从这类论著中研究出一套基督教的伦理学,而巴斯卡尔(Pascal)的《思想录》(*Thoughts*)也只是一些零零落落的光。笛卡尔的形而上学也产生不出一种有笛卡尔特色的逻辑学,因为〔当时风行的〕安诺德的逻辑学还是以亚里士多德的逻辑学为基础的。就连对医学本身,笛卡尔的学说也没有用处,因为解剖学家们在自然中找不到笛卡尔所设想的那种人。因此,笛卡尔的形而上学还比不上伊壁鸠鲁的形而上学那样较为始终融贯一致的体系,尽管伊壁鸠鲁丝毫不懂数学。由于维柯所注意到的这些理由,他不久就高兴地发觉到:正如对卢克莱修的阅读使他自己成了柏拉图的形而上学的一个信徒,对"王家的亨利"的阅读也就使维柯对柏拉图的信心更坚定。

上述一些物理学体系对于维柯来说,只是在认真思考柏拉图形而上学之余的一些消遣,帮助他在练习作诗中使想象力可以自由驰骋。因为他一直在习作短歌小曲,仍照早年那样用意大利文写诗,而同时想到要在最好的塔斯康(古意大利)诗人们的范例引导之下,要把一些光辉的拉丁人思想放进诗里。例如西塞罗在献给庞培大帝的颂词里把他自己的关于曼尼略(Manilian)法律的演说穿插进去(这在拉丁文中是一篇最庄严的演说)。维柯受到这篇颂词的启发,同时摹仿帕屈拉克的《三姊妹》,写出一篇分为三章的颂词《歌颂巴伐利亚选帝侯》(载在李庇 Lippi 的《意大利诗选》里,1709 年出版)。此外,维柯在伊波力塔公主和布柔让诺公爵结婚时也献了一首小诗,是摹仿拉丁诗人卡图路斯(Catullus)的一首最隽妙的歌而作的。维柯后来才知道在他之前塔索(Tasso)在一首贺新婚的诗中已摹仿过这首名歌。维柯感到幸好没有先知道这个事实,因为他素来敬仰塔索这位伟大诗人,如果早已知道,他自己就不会再作,作了也不会满意了。……

维柯带着这套学问和才能回到那不勒斯,他竟成了他父母之邦的一个外来人,发现在文人学士之中,笛卡尔的物理学的声威已达到顶峰,而亚里士多德的物理学由于本身的缺点,更由于遭到经院派学者们的大量窜改,在学术界已成为一种笑柄了。至于形而上学在十六世纪已把一系列名人——从玛什利阿·腓契诺(Marsilio Ficino)到玛佐尼(G. Mazzoni)和帕特理粹(F. Patrizi)抬到最高的文学宝座上,对诗歌,史学和雄辩术的贡献都顶大,以至文化鼎盛时期的整个希腊已在意大利复兴起来了,[①]而现在这种形而上学却被人认为只配禁锢在教会修道院里了,至于柏拉图则只偶尔有些零星片段被人在诗里引用,而目的也不过是用来炫耀博闻强记而已。经院派的逻辑学被人唾弃了,代替它的是受到赞许的欧氏《几何学要素》。医学则随着物理学体系变来变去,已坠入怀疑主义泥坑了。医生们已采取疾病本性不可知的立场,在诊断和

① 指 16 世纪的意大利文艺复兴。——译者

处方之际，就批“暂缓下判断”。希腊名医嘉伦（Galen）所传的医学，过去从希腊原文，用希腊哲学的眼光去研究，曾产生出许多杰出的医生，现在却由于徒子徒孙们昏庸无知，被认为不值一顾了。中世纪的民法解释者们在各学院中也已声威大降了，取代他们的是些近代人文主义者，以致法院工作大受损失；因为人文主义者对罗马法的批判固然是必要的，而中世纪的民法解释者对一些涉及公道或正义的疑难问题的论点也同样重要。

〔在文学方面的类似情况〕最渊博的卡洛·布拉格拿（Carlo Buragna）已恢复了作诗的好风格，但过于拘谨地摹仿乔万尼（Giovanni della Casa），既不能从希腊拉丁源泉中吸取细腻或雄健的风格，又不能从帕屈拉克的诗歌中吸取一清如水的风格，或从但丁的《神曲》中吸取波涛汹涌的风格。再如最渊博的里阿那多（Lionardo di Capua）已恢复了塔斯康地区的好散文风格，把散文写得典雅优美，但是终不能令人从他的辞章中听出在描绘风俗人情时受到希腊智慧的生动化，或在鼓舞情感时得力于罗马的雄伟气魄。最后，托玛梭·考涅利阿（Tommasso Cornelio）在拉丁文辞方面是无人比得上的，可是他的名著过度纯洁，使青年们望而生畏，而不能鼓舞他们到晚年仍致力于拉丁文的学习。

由于上述这一切理由，维柯就自幸不曾拘守一家之言，而是落在一片荒野森林里凭自己的才能去摸索出自己的科研大道，就循此前进，不受派系成见的搅扰。因为在那不勒斯这个城市里对文学的趣味就像对时装的趣味一样，每隔两三年就要换一种新花样。对拉丁好散文的普遍忽视促使维柯想学习拉丁文的念头更坚定。他听说过考涅利阿并不擅长于希腊文，对塔斯康文也不大注意，也不喜欢批评工作——也许因为看到一些通晓多种语言的人都不能正确地运用其中任何一种，至于批评家也都难见出哪一种语言的优点，因为他们总是要停下来去挑剔用那种语言的作家们的毛病——维柯因此也就决定放弃希腊文，对希腊文他只学到小学二年级用的《希腊文入门》。他也决定放弃塔斯康语；由于同样的理由，他从来就不想学法文。他要专心致志地学习拉丁文。他注意到拉丁文的衰落是由于出版了许多辞典和注释所造成的，他就决心此后不再看这类出版物，只有尤里乌斯（Junius）的《术语词典》一书才是例外，他还要用它来了解某些专门术语。他读拉丁作家的著作，只用完全没有注解的白文，凭哲学的批判去掌握原著的精神，正如十六世纪的拉丁作家们那样办的。在这类作家中他特别欣赏基阿维阿（Giovio）的流利和拿法杰罗（Navagero）的细腻和非常隽雅的文学趣味（就他留传下来的少量作品来看）。他的风格使我们惋惜他的大著《历史》失传是个巨大的损失。

由于上述理由，维柯生活在他的“父母之邦”，不仅是一个外来人，而且默默无闻。他的孤独的趣味和习惯并不妨碍他仰慕远方的一些高才宿学，而且怀着真正的懊丧心情去羡慕那些能和这类高才宿学促膝晤谈的青年们的好运气。青年人如果想学问上进，就必需有这种敬老尊贤的态度，而不是依靠一些邪恶或无知的教师的话，终生满足于只迎合旁人的口味和才能的那种知识。维柯就抱着这种必需有的态度初次结识了两位重要人物。头一位是竺理亚的格塔诺（Gaetano d'Andrea）。他是一位神职人员，后来以一位极虔诚的主教终其生。他和竺理亚的佛朗切斯和根赖阿两人是弟兄，这两人都享有不朽的盛名。维柯有一次在一家书店里和格塔诺谈到教会法规丛书问题。他问维柯是否结过婚,维柯回答还没有。他就问维柯是否想当一位神职人员,维柯回答说自己不是贵族出身,神父说那并不是一个障碍,因为他可替维柯在罗马教廷请到特许证。维柯看到自己受到这位神父的恩遇,便对他说,他的父母既老且穷,唯一的希望就是他自己。神父就对他指出:文人们对自己的家庭与其说是一种帮助,倒不如说是一种累赘。维柯说,就他自己来说,将来绝不会如此。神父就用一句话打断了这次谈话:“神职就不是你的使命了。”

另一位重要人物是癸色普·路契那(Giuseppe Lucina)。他不但精通希腊文、拉丁文和塔斯康文,而且对天人两方面的一切科学都很渊博。他曾考验过维柯这位青年人的能力,很和气地惋惜维柯还不曾用自己的才华为那不勒斯效劳,并且告诉他当时就有一个提拔维柯的好机会。有一位尼柯拉·卡拉维塔(Nicola Caravita)首席大法官,其人智力锐敏、判断严肃,具有纯洁的塔斯康文风,是文人学士们的恩护主,他决定要趁那不勒斯副总督桑·厄斯特凡伯爵就要离任的机会,为他组织一本颂词集,在短短的几天之内就得印出。路契那的意见是大家都尊重的。他建议要维柯为这本集子写一篇序言。他既已替这位青年谋得了这项任命,就告诉维柯说,这次机会可以使他受到一位文艺恩护主的宠遇,而这位卡拉维塔正是路契那自己的最大的恩人。事实上这位青年并无需怂恿,就顶热心地接受了这项任务。由于他已放弃了塔斯康语的研究,就为这本集子写了一篇拉丁文的序言,于1696年付印。从此维柯就开始作为文人而享到日益高涨的声名。赞赏者之中就有上述格列高理·卡洛卜列斯,曾称维柯为“自教自的教师”(autodi-

dact,这原是过去人们称呼伊壁鸠鲁的)。

过了不久,大学里前任修辞学教授去世,讲座出缺了。这个讲座年薪不过一百荷兰金币[①],加上一笔小费,即学生交给教授的入学准许证费。卡拉维塔大法官马上劝维柯参加这个讲座的竞选。维柯起初谢绝了,因为几个月之前他参加市政府文书的竞选失败了。卡拉维塔责备他没有勇气(涉及这类事务,维柯确实如此),说他只须备课,自己可以代他去申请。因此,维柯用了一个小时讲课来竞选。讲的是昆体良著作中的第一章,维柯只讲其中 statibus 一个词的词源,各种意义及其分别。他的演说充满了希腊拉丁的学问及其批判,得到大多数票而中选了。

同时,新任副总督麦迪那切里(Medinaceli)公爵在那不勒斯创办了一座文学院,其中尽是些文学界优秀人物,因而把文学恢复到自从阿拉贡的阿尔芳梭(Alfonso of Aragon)[②]时代以来还未见过的光荣。……既然最有文化教养的文学日益见重于贵族阶级,维柯既已光荣地列入院士之林,就全心全意地致力于钻研人文科学的语文这行专业。

据说好运气常偏向青年人,理由在于青年人是从青年时代最繁荣的文艺和职业之中选择自己的命运;但世界按本性是逐年改变风尚的,青年人到了老年就发现自己所擅长的那种学问已不再见重于世,因而也无利可图了。那不勒斯就是这样在文学情况方面发生了一次巨大的突然变革。正当人们还在预期十六世纪的最

① 每个荷兰金币约合当时英币九先令,还不到半镑。——译者

② 阿尔芳梭是葡萄牙人,15 世纪初期征服了那不勒斯,当了国王。——译者

优秀的文学在那不勒斯会长期恢复奠定下去,副总督的离任却产生了一种新局面,使前功尽弃,和人们的一切期望正相反。一些勇敢的文人学士在几年以前还在声言形而上学仍应禁锢在教会僧院里,现在他们自己却又开始深入地研究起来了。但是他们研究不像玛什利阿(Marsilio)等人那样从柏拉图和普洛丁(Plotinus)等人的著作开始(这些著作曾使十六世纪许多伟大文人学士得到教益),而是根据笛卡尔的《默想录》和《方法论》,其中笛卡尔诋毁了对语文,修辞学,史学和诗歌的研究,片面抬高他的形而上学,物理学和数学,把文学贬成阿拉伯人的智慧,……其实阿拉伯人在上述三个领域里都产生过许多大学者,例如阿维尔罗斯在形而上学方面,还有许多著名的天文学家和物理学家,留下解说这些科学所必用的一些术语。目前一些学者,无论多么伟大和渊博,既然要长期从事于原子物理学,试验和机器,也就必然觉得笛卡尔的《默想录》太艰晦,自己则很难抛开感官来默想。因此,对一位哲学家的最高的称赞曾是:他懂得笛卡尔的《默想录》。

在这个时期维柯和保罗·多理亚(Paolo Doria)两人常在卡拉维塔大法官家做客,那是文人学士们的聚会场所。多理亚既是一位高明的绅士,又是一位高明的哲学家,在形而上学方面他是和维柯能谈得来的第一个人。凡是多理亚认为在笛卡尔著作中高明新颖的东西,维柯却说在柏拉图派中那些都是老话和常识。但是维柯从多理亚的议论中却常看出一种柏拉图式的神明的闪光,因此两人从此就结成高尚而忠实的友谊。

直到这个时期,维柯在一切渊博的学者之中只钦佩两个人:柏拉图和塔西佗。因为这两人都凭一种高明无比的形而上学的智慧，塔西佗按人的实在的样子去看人，柏拉图则按人应该有的样子去看人。柏拉图凭他的全面普遍的知识去探求构成人的理性智慧的那种高贵性，而塔西佗则下降到一切实际利益方面的智谋，具有实践才能的人凭这种智谋，就能在无限不正常的偶然祸福幻化中使事情达到良好的结局。维柯从这种观点对柏拉图和塔西佗这两位大作家的敬仰就预兆到他本人历来研究出的那种理想的人类永恒历史的规划，凭民政方面某些特性，一切民族从兴起、发展到鼎盛一直到衰亡，都必须经历过这种理想的人类永恒历史（维柯敬仰柏拉图作为玄奥智慧的代表，塔西佗作为普通智慧的代表，培根则兼有二人之长）。从此得出的结论就是：既要有柏拉图那样的玄奥智慧，又要有塔西佗那样的普通智慧，才可以形成真正的哲人。于是维柯就注意到佛朗西斯·培根（F. Bacon）以一人而兼备无人可比得上的普通智慧和玄奥智慧，在理论和实践两方面都是一个全人，一位少有的哲学家和一位伟大的英国国务大臣。姑且放下他的其他著作不谈（对这类著作所讨论的问题，也许有些作家谈得一样好甚至更好），单凭他的《学术的进展》一书，维柯就作出这样的结论：正如柏拉图是希腊智慧之王而希腊人却不曾有过塔西佗，罗马人和希腊人在一点上却相同，他们都不曾有过培根。维柯看到而感到惊奇的是：培根单独一个人竟能通盘看到在学术领域里哪些学科还待发明和发展，以及已有的那些学科里还有哪些缺点和什么性质的缺点有待改正。而且他对各种科学都一律公平对待，丝毫没有行业的或派别的偏见，除非他说过的少量话可能得罪天主教而已。他总是本着一个方案，那就是要使每一门科学都应对世界领域的总和作出独特的贡献。维柯现在打算他自己在思索和写作中都要把上述这三位独特的作家悬在眼前作为典范。他就本着这样的打算对自己的有所发明的一些著作进行加工，这些著作到了《普遍法律的唯一原则》（即《新科学》）才算登峰造极[①]。

因此，维柯接连几年在大学开学演讲中所提出的一些带有普遍性的论点总是根据形而上学而应用到社会方面去。他从这个观点讨论了各科学术的目的（例如在头六讲），以及研究方法（例如第六讲后半以及第七讲全部）。头三讲讨论的主要是适合人性的一些目的，四五两讲主要讨论政治的目的，第六讲讨论基督教的目的。[②]

第一讲是1699年10月18日讲的，提出要培养人类神圣心灵的一切功能。主题是："自知之明对于每个人都是最大的推动力，促使我们对每门学问进行周全而扼要的研究。"这一讲证明了人的心灵可以比作人的神，正如神是整个宇宙的心灵。他还分别说明了心灵的各种奇妙的功能，无论是各种感觉力，想象力，记忆力，还是发明创造和推理的能力，都能同时以神速，轻易而有效的能力进行极多的各不相同的工作。他说明了凡是没有沾染恶习和恶情感的儿童在自由游戏三四年之后，就被发现到已学会本地语言的全部词汇。他还说明了苏格拉底与其说是把伦理哲学从天上搬到

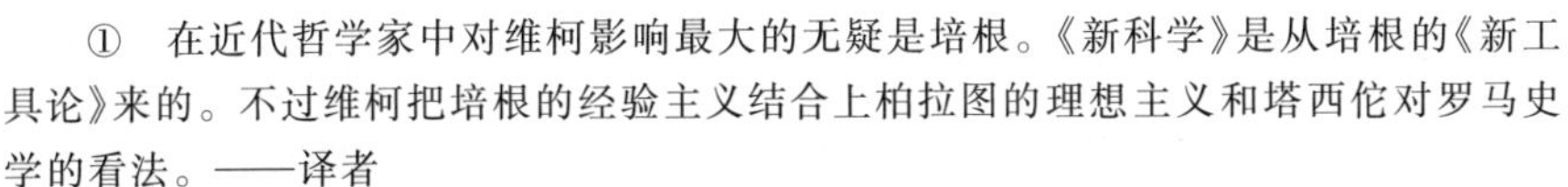

① 在近代哲学家中对维柯影响最大的无疑是培根。《新科学》是从培根的《新工具论》来的。不过维柯把培根的经验主义结合上柏拉图的理想主义和塔西佗对罗马史学的看法。——译者

② 在下列各段总结出来的几次开学演讲在1868年首次出版过，见《维柯全集》卷一，第5—67页，……维柯所注的年月日有些错误，已在英译本的时历表里改正过。——英译者

人间，倒不如说是把我们人类的精神提高到天上，因为有些人是因有创造发明而被抬举到天上列入诸神中的，也都不过具有我们每人也都有的智力，心灵本来像鼻子厌恶臭那样厌恶无知或犯错误，而世间竟有许多无知的人，这倒是怪事。因此，疏懒应特别受到斥责，只是由于我们本不想在一切方面都受到教育。其实只要凭我们的能起作用的意志，每逢受到灵感触动时，我们也会做出我们自己事后也感到惊讶的事情，仿佛这些事情并不是我们自己而是由一个神做出的。所以第一讲的结论是：一个青年在几年之内如果没有学完全部学程，那只是因为他们本来不曾想要学完。如果他们本来想要学完而却终于没有学完，那就是由于没有好教师，没有一套好的教学程序，否则就由于他们的各门学习的目的本来就不是要培养人心中的一种神性。

1700年度讲的第二讲要求我们应按照关于人类心灵的一些真理，用各种品德来培养精神，它的论点是："最凶恶最危险的敌人就是自己反对自己的那种蠢人。"这一讲把整个宇宙看作一个伟大的城邦，其中神凭一种永恒法律来惩罚蠢人，让他们进行自己反对自己的斗争。"这种法律就由一种全能的手亲自写出的，宇宙间事物有多少本性，它就有多少章节，让我们念一下关于人的那一章：'让人具有可朽的身体和不朽的心灵，让人为着真和善而生，真和善都是只为我自己的。让人心分辨出真和伪。不让他的各种感官去驾驭他的心灵，让理性成为人的终生原则，向导和主宰。让他的种种欲望都受制于他的理性。……让他凭发自精神的良好技艺去博得荣名。让他凭德行和恒心去达到人的幸福。任何人如果愚蠢地违反了这些法律，无论是由于恶意，骄奢，还是由于失慎,他就犯了叛逆罪:让他进行自己反对自己的斗争。'"接着就对战争作出悲剧性的描绘。从这番话可以看得很清楚,早在这个时期,维柯就已在思索他后来在他的《普遍法律》中发挥出来的那个论点了。

1701 年的第三讲是第一、第二两讲的一种实践方面的附录,论点是:"文艺界应消除一切欺骗,如果你要凭学习来使自己出色的那种学问是真实的而不是伪装的,是坚实的而不是空洞的。"这一讲指出在文艺的共和国里,人应过公道的生活,并且谴责了任性的批评家们以不正当的方式从文艺界公库里勒索贡金,以及顽固的宗派主义者迫使文艺公库不能增长财富,骗子们私造伪币来纳贡。

1704 年讲了第四讲,其论点是:"谁要想从文艺的学习中得到经常和荣誉结合在一起的最大利益,他就应认识到他受教育,目的是为集体的光荣和利益服务。"这是针对着一些弄虚作假的学者们而发的,他们专为谋私人利益,使劲伪装成博学而不求真正的博学,一旦所追求的利益到了手,他们就疏懒起来,不惜采取最卑鄙的手段,以求保持住他们作为学者的名声。

在 1705 年讲的第五讲里,维柯提出的论点是:"在文艺最繁荣的那些政体下面,同时在武功方面也必享盛名,在政治方面也必最强大。"维柯用了许多充分的理由和一连串的先例来证明这一论点。例如居住在亚述的迦勒底[①]人是世界上最早的有学问的民族,他们也最早地创建了君主专政国。希腊在智慧方面发出比过

① 亚述在亚洲中东地带。迦勒底在中国史书中就是大月氏。——译者

去一切时代都更大的光辉时,亚历山大大帝就推翻了波斯这个君主专政帝国。罗马是从迦太基的废墟上建立起来的,在西庇阿大帝(Scipio)统治下就把迦太基灭掉了,当时罗马人在哲学,修辞学和诗三方面的知识就表现在泰伦斯(Terence)的一些无比高明的喜剧作品里。这些喜剧本是西庇阿大帝和他的友人莱琉斯(Laelius)合写的(大帝认为这些喜剧值不得用自己的大名去发表,就用了泰伦斯的名字发表了,泰伦斯当然也插进了他自己写的东西)。罗马的君主专制政体当然是由奥古斯都大帝创建的,当时全部希腊智慧都以罗马的光辉语言在罗马照耀着。意大利这个最光辉的王国在提奥多鲁克(Theodoric)朝代已在放光彩,而这位国王有卡什阿多鲁斯(Cassiodorus)[①]之类大学者当参谋,到了查尔曼大帝,罗马帝国又在日耳曼复兴起来了,因为文学在西欧各王宫里久已死亡之后,到了查尔曼时代又由阿尔库恩(Alcuin)[②]之类大师复兴起来了。在荷马的影响之下,造成了一位亚历山大。这位大帝曾热望在英勇上追随阿喀琉斯的范例,而他自己的范例又鼓舞朱理亚·恺撒(Julius Caesar)成就了伟大事业(谁也不敢说这两位大帝之中谁更伟大)。这两位大帝都是荷马式的英雄后裔,基麦涅兹(Jiménez)和黎塞留(Richelieu)这两位大主教分别替西班牙和法兰西两个君主独裁国制定了规划,两人都是大哲学家和大神学家,

① 此人大约先在公元第6世纪当过国王的秘书参谋,写过《高特族的历史》和《论各种制度》等重要著作,已失传。——译者

② 他是查理曼大帝的文化顾问,擅长于诗和修辞术,曾创办一所研究文学的学校,影响颇大。——译者

其中有一位还是教会方面的大演说家①。土耳其人在野蛮制的基础上创建出一个大帝国，是靠着一位博学而不虔敬的基督教僧侣塞尔顾斯（Sergius）的智谋，此人替愚笨的穆罕默德立了法，用来建立土耳其帝国。等到希腊人先在亚细亚后在全世界都已衰落到野蛮体制中了，阿拉伯人就起来研究形而上学，数学，天文学和医学。就凭这种文人学士的知识——尽管还不是最有人道修养的知识，阿拉伯人就鼓舞起野蛮的阿耳·曼苏尔斯（Al Mansurs）②南征北伐的雄心壮志，帮助了土耳其人建立起一个废除一切文学的帝国。但是这个庞大的帝国如果不是先后靠希腊的和拉丁的一些基督教叛徒们陆续向他们提供各种技艺和军事战略，早就会自动地灭亡了。

在1707年讲的第六讲里，维柯讨论了各种学术研究的目的以及研究它们的先后次序，论点是："对遭到腐化的人性的认识要求我们研究各门自由广阔的艺术和科学的整套体系，并且提出和说明研究它们所应永远遵守的正确次序。"他引导听众去默想他们自己，人和人如何被口舌，心思和心肠分裂开，蒙受罪孽的惩罚。被口舌分裂，因为口舌往往背叛人与人本应结合的思想；被心思分裂，因为人们因趣味不同而意见分歧；被心肠分裂，因为心肠既已腐化，就妨碍人与人和解，就连在一致作恶时也是如此。从此维柯就证明腐化所造成的痛感必须凭德行，知识和文词来医治，因为只有通过这三种手段，一个人才会感觉到自己和旁人本是一致的。

① 指法国的黎塞留大主教兼宰相。——译者

② 义译是"征服者"，实指8世纪创建巴格达（伊拉克首都）的一位伊斯兰教主。——译者

这就使维柯进展到讨论各科学问的目的以及研究他们的次序。他说明了语言是建立人类社会的最强有力的武器,所以学习就应从语言开始。学习语言完全要靠记忆力,而记忆力在儿童时期特别强。童年推理能力弱,只能凭范例来教育,而范例须通过生动的想象力来掌握,童年也特别富于惊人的想象力,因此宜致力于阅读历史,包括虚构的故事和真实的历史。童年人也是讲理的,但是缺乏用来推理的资料,就应让儿童学习数量方面的科学来准备获得正确推理的技能。这类科学既要求用记忆力和想象力而同时也防止想象过度膨胀的倾向。过度膨胀的想象力就是错误和灾祸的母亲。在较早的少年时期,各种感官占优势,就会带来纯洁的心思。要让少年们致力于物理学,来引导他们观察物体的宇宙;还需要数学来研究宇宙体系。这样就让少年们凭一些广大而具体的物理观念和细致的线和数的数学观念,凭研究存在和太一的科学,为掌握抽象的形而上学的无限作好准备。等到他们开始从形而上学这门科学里认识到自己的心智了,就让他们准备好去默察他们的精神,凭对一些永恒真理的认识,来默察出这种精神是受过腐化的,因而情愿让伦理学来自然地加以纠正,趁他们对情欲的邪恶指导已有了一些经验的年龄(本来情欲在童年期是最强烈的)。等到他们已从学习中认识到异教的伦理学还不足以驯化或克服自爱癖,而且凭形而上学中的经验,懂得无限比有限,心灵比体肤,神比人(人还说不出他自己如何运动,如何感觉或如何认识)都还更确凿可凭了,到那时就应让他们准备好,卑躬屈节地去接受由神启示的神学,从神学再下降到基督教的伦理学,经过这样的净化,最后才让他们进到基督教的法学。

很明显,从上述第一讲的时期起,在第一讲到以后各讲——特别在最后第六讲里,维柯都在心里思考一个新的重大的问题,即把一切关于人和神的知识都结合在一条唯一的大原则之下。但是他在全部六讲之中所发现的全部论点都还远不足以形成这样唯一的大原则,所以他很高兴不曾拿这些讲稿去出版,因为他想到当时学术界已被汗牛充栋的书籍压得伸不起腰来了,他不应该再加重读者的负担,只应提供一些涉及有用的重要的创造和发明的书籍。适逢大学决定在1708年举行一次隆重的公开的开学典礼,在那不勒斯副总督格里玛尼(Grimani)大主教光临之下向国王呈献一篇演讲,这就向维柯提供了一个好机会,来设计出一篇对学术界是新颖的有创造发明的论文——这种愿望是值得列入培根在《新工具论》中所提的那些项之中的。这篇论文就我们现在在各门科学研究中所用的方法和古人(希腊罗马人)所用的方法进行比较来看,我们的方法有哪些缺点可以避免以及如何避免,至于不可避免的那些缺点,有哪些是可以用古人的优点来补救的(例如在我们已有的超过古人的优点之外只消加上柏拉图,我们今天就可以有一所完备的大学);这样就可以达到这样一个目的:一切关于神和人的智慧随处都受一种精神来统治,而且所有各部分都互相融贯一致。因此,各门科学都可以互相补助而不至于互相妨碍。这篇论文在同年就由费利斯·牟斯卡公司出版了。它的论点实际上就是一种初稿,根据这个初稿,维柯后来发挥成为《普遍法律的唯一原则》及其附录《法学的融贯一致性》。

维柯经常想为他自己和那不勒斯大学在法学领域赢得荣誉,除掉通过向青少年演讲之外,他还在《我们现代的理性研究》这篇

论文里详细地讨论了古罗马法学家们的法律中的秘密，并且试图寻出一种法学体系来根据罗马政府体制的观点解释各种私法。涉及这篇论文的部分，文浅佐・维丹尼亚（Vincenzo Vidania）在一篇顶好的论文里对维柯所提出的古罗马的法官们全是些贵族元老这个论点提出不同的意见。他是掌握皇家各学科体制的大臣，当时正在巴切罗那。维柯当时即私下作了答复。后来还在《论普遍法》的著作的脚注里作了公开答复，维丹尼亚的论文和维柯的答复都在该书的脚注里登出来了。……

等到上述论文出版时，内容还加上在大主教兼总督面前不便详说的话，这次经过导致多曼尼柯・道里什阿（Domenico d'Aulisio）这位大学首席法学教授，在各种语言和科学方面都是极渊博的学者，把维柯召到他身边参加一次教授公开竞选，邀他坐在自己身边。这位首席教授告诉他说，他读过维柯的那本小书（他不曾去听开学典礼的讲演，因为他和教会法规首席教授在谁领先问题上有争执），他称赞维柯不是一位东拼西凑的编辑者，而是在著作中每一页都提供可让旁人编大部头著作的资料。这位道里什阿在大学里平时是斜眼看着维柯的，倒不是因为维柯有什么过错，而是因为维柯在那不勒斯正在闹得很久的古今之争中站在道里什阿的对立面。道里什阿的这次宽宏大量的行动和判断来自一位素来严厉不轻易赞扬人的人，所以对维柯来说是一种稀有的宽宏大量，从那天起两人就结成很亲密的友谊，一直维持到那位伟人的终生。

同时，维柯阅读了培根的《古代人的智慧》（机智和渊博多于真实），就起了念头要去寻找比诗人们的神话故事更早的关于古

人智慧的一些起源,柏拉图的先例也加强了维柯的这个念头。柏拉图在《克拉图路斯》这篇对话里就曾试图把古人智慧的原则追溯到希腊语文的起源。另一个动机就是维柯早已感觉到过去语法家的词源解释是不能令人满意的,所以他就亲自去钻研拉丁文字的起源,从而寻求关于古人智慧的一些原则,因为毕达哥拉斯学派中的意大利学派比它后来在希腊本土的学派还繁荣得更早而且显出较大的深度。他从 coelum(既指凿刀〔锲〕,又指大气体)这个拉丁词推测到毕达哥拉斯的老师埃及人曾认为凿刀就是大自然用来造成一切事物的工具,而他们的金字塔就象征凿刀。拉丁人也把大自然(nature)叫做机智(ingenium)〔两词同义〕,其特性是尖锐,所以暗示大自然用空气这种凿刀以深凿或轻削的办法来形成或损坏每种事物的形式。推动这种工具的应是以太(ether),以太的心据说就是天神约夫(Jove)。拉丁人用 anima(灵魂)这个词来指空气,即赋予运动和生命于宇宙的本源。以太对空气起男(阳)对女(阴)的作用。拉丁人把渗透到生物中去的以太叫做 animus(精神)。因此拉丁人有一个很普通的分别:anima vivimus, animo sentimus(意为:"凭灵魂我们有生命,凭精神我们有感觉"),因此,灵魂,即渗透到血液中去的空气,应是人的生命的来源,而渗透到神经中去的以太就应是感觉的来源。以太比起空气愈活跃,动物的精神也就比一般生物的精神愈能动,愈活跃。正如灵魂由精神来牵动,精神也由拉丁人所称呼的 mens(意为"思想")来牵动的,因此拉丁文就有一个词组"mens ainimi"(精神的思想)。这种心思或思想应是从天神来到人类的,天神就是以太的心思。最后,如果这一切都不错,自然界推动一切事物的大原则应是一些金字塔形

的微粒。确凿可凭的是以太结合起来(即经过分裂和浓缩的)就成了火。[①]

维柯有一天和保罗·多理亚在路契那家里会谈,曾根据上述这些原则谈到一些物理学对磁的效果感到惊奇,如果他们稍加思索,就会看出这种效果在火里面其实是很普通的,因为最令人惊奇的磁的现象有三点,磁能吸铁,磁力能传达到铁上,以及磁针都指向磁极。可是热力在和它的浓度成一定距离时就产生火,火在旋转中能产生火焰,而火焰能发光而且都指向所在地的天顶中心。这些都是最普通的现象。照这样看,如果磁也和火焰一样能稀化,稀化到和火焰一样浓,磁就会指向天顶而不是指向磁极。是否可以设想:磁指向磁极,是因为磁极是磁力能升到的那种天空的最高点?因为很容易观察到,相当长的通过磁的针尖在指向磁极时仍在试图升到天顶。所以如果游人想观察处在这种情况的磁,来测定它在某地方比其他地方较高,那就会得出精确的纬度测量,而这种纬度精确测量正是今天人们为使地理完善化而极力追求的。[②]

多理亚听到这番推理很高兴,所以维柯就想把它推广,使它对医学有益。因为把大自然描绘为金字塔的埃及人曾经有过一种显然机械化的医学,即最渊博的普洛斯庇罗·阿尔庇罗(Prospero Alpino)所提出的"张"与"弛"的医学。维柯看到不曾有医学家利

① 把宇宙看作由四大(地、水、火、风)组成,这是一个原始而普遍的朴素唯物主义观点。维柯的这段话根据拉丁辞源来分析四大的起源,基本上是朴素唯物主义的,值得重视,所以虽嫌艰晦,仍勉强译出。可与我国《易经》中太极生两仪,两仪生四象,四象生八卦的理论以及道家的"精、气、神"说参较。——译者

② 当时航海术开始发达,磁为指南针的重要因素,维柯没有提中国人在这方面的发明,但已看出磁在自然科学的重要作用。——译者

用笛卡尔的关于寒与热的定义(寒是由外向内的运动,热则相反,是由内向外的运动),他就想在这个分别的基础上来建立一种医学体系。强烈的热病是否由动脉血管中的空气从心脏流到神经末梢,膨胀得和健康情况不相容,使血管的另一端由塞满而凝住呢?另一方面,疟疾或瘴气的发热是否由静脉血管中的空气在由内向外的运动中也膨胀得与健康情况不相容,血管在相反的另一端也凝住了呢?这样一来,心脏这个动物体的中心,就会缺乏运动所需要的空气;心脏运动既减少,血液也就会凝住,这正是激烈的疟疾的真正原因。这是不是希腊大医师希波克拉特(Hippocrates)所说的导致疟疾的"某种神物"呢?就大自然全体看,这种看法受到各种合理的揣测的支持。例如寒与热同样有助于事物的生育。寒促进谷种的发芽,尸虫的生长,以及其他动物在黑暗潮湿的地方生长。过度的寒与热都导致坏疽病。在瑞典坏疽是用冰来治疗的。其他佐证还有恶性热病中一些病症,如盗汗,就表明血管过度膨胀。可不可以说,拉丁人把一切疾病都归结为无所不包的 ruptum〔破坏〕这一总类,而这是来自意大利的古老传统说法,认为一切疾病都来自坚实部分的衰退,到最后就导致拉丁人所说的 corruptum〔腐化〕呢?

根据维柯后来出版的一本小书中所举的一些理由,他这时正致力于把他的物理学放在一种适宜的形而上学的基础上。通过对拉丁字源进行同样的研究,他清洗了亚里士多德对芝诺《点论》的歪曲的报道,说明了芝诺的"点"只是一种假设,用来从抽象事物下降到具体事物,正如几何学是唯一的科学路径,从具体事物进展到具体事物所由构成的抽象道理。给"点"下的定义是:"点"是不能分成各部分的，这就等于建立了一种抽象体积（伸延）的无限（无所不包）的原则。因为点没有体积（不是伸延的），移动起来就成了线的伸延（长度），所以必须有一种无限的实体，通过移动（即通过生育），就赋予形式于有限事物（即具体事物）。而且因为毕达哥拉斯要让世界来由数字构成，而数字在某种意义上比线还更抽象，理由在于"一"并不是数而却生数，在每个奇数里都必有"一"这个数（因此亚里士多德说，本质〔essences〕不像数，是不可分割的，分割本质就是破坏本质），所以点在一些体积不相等的线里面都以同样的身份站在线下面（所以一个正方形的对角线和边尽管是无共同尺度可相比，却可同样分割成同样无限数的点）。点是一种无体积（不伸延）的实体的假说，它同样站在许多不同的物体之下而且支持着这些物体。

这种形而上学势必以廊下派的逻辑学作为它的结果。在这种逻辑学里廊下派哲学家们学会了用复合三段式（sorites）来进行推理。复合三段式就仿佛是他们所用的一种几何学的方法。他们的物理学也用同样的方法把锲或凿刀定为一切具体事物的本原。同理，几何学里产生出来的第一个复合体是三角形，正如第一个单一体是圆形，象征神的完整。这样我们就会很容易地得出埃及人的物理学。埃及人把大自然设想为一种金字塔，一个具有四个三角形的立体。埃及人根据张弛原则的医学也就会与此吻合。维柯对于这种医学曾写过一本小书，题为《论各种生物体的平衡》献给医学方面一个最渊博的学者奥里什阿（Aulisio）。他也常和泡粹阿·路侃托雷阿（Porzio Lucantonio）讨论过这个问题，得到泡粹阿·路侃托雷阿的高度赞赏，二人从此成为密友，直到这位伽利略派的最后的哲学家逝世为止。此人在朋友中常谈到他对维柯的一些想法感到震惊。但是维柯的《形而上学》到1710年才出过单行本，作为《论意大利人的原始智慧应从拉丁文的词源中才能重新发现出来》一书第一卷。这本书引起了威尼斯批评家们和作者本人之间的一场争论。维柯的答复和反驳在1711年和1712年先后发表过，这场争论双方都进行得很好，没有伤和气。但是维柯已开始感到对过去语法学家们的辞源的不满，这已预兆到他后来在最近的著作中探求各种语言的起源，从中找到一种通用于一切语言的自然的原则，替辞源学奠定一些普遍的原则，凭此来断定一切语言（无论是死的还是活的）究竟有哪些根源。此外，培根试图从诗人们的神话故事中去追溯古人的智慧，维柯对此还有点不满，因此，他在一些最近著作中想找出一些关于诗的原则，不同于希腊人，拉丁人以及后来人都早已接受的那些诗的原则。根据他自己所找出的那些诗的原则，他就建立起一种唯一可靠的神话原则，来证明希腊的神话故事对最早的希腊政治制度提供了历史凭证。维柯就借助于这种历史凭证，来说明全部古代英雄时期政治体制的寓言史。

不久之后，维柯荣幸地接到他教过多年的老学生特列陀公爵（Duke of Traetto）阿竺理阿诺·卡拉伐（Adriano Caraffa）的邀请，替他的伯父安东尼阿（Antonio）元帅写传记。维柯欣然接受了这项委任，因为这位公爵可以供应他所收藏的大量可靠的很好的文献资料。他的教学职责须花去他的整个白天的时间，只有在夜里才有暇伏案写这部传记。他花了两年，头一年整理大堆零散混乱的资料来准备一些札记，第二年据这些札记编出一部历史。在这两年间他的左臂正受严重佝偻病疼的折磨。凡是在晚上来看他的人都可以看到他在用拉丁文写这部传记,案上只摆着他的一些札记,家里人们在走动骚扰,他自己往往还要跟朋友们谈话。可是他竟光荣地完成了他的职责。这部书是1716年出版的。公爵献了一部给教皇克勒蒙十一世(Clement XI),教皇称赞它是"一部不朽的历史"。此外,这部书还替他博得了最著名的意大利学者格拉维那(Gravina)的称赞和友谊,他在生前一直和维柯保持亲密的通信。

在准备写这部传记时,维柯发现他必须阅读格罗特的《战争与和平的法律》一书,他发现到他前此所敬仰的三大作家之外还应加上格罗特这第四位。因为柏拉图用荷马的普通智慧与其说是要证实,毋宁说是要装饰他自己的玄奥智慧;塔西佗用来说明他自己的形而上学、伦理学和政治学的只是过去流传下来的一些零散而混乱的事实。培根虽看出当时涉及神和人的知识总和也还有待补充和纠正,但是涉及法律,培根并没有能使他的那些准则适用于一切时代和一切民族。现在格罗特却能用一种普遍法律于一切民族,能用一种体系来包罗全部哲学和语言学,而语言学还既包括历史,即语言的事实和事件的历史(无论是真实的历史还是神话寓言),又包括希伯来、希腊和拉丁三种语言,即三种由基督教传下来的古代三种被人研究过的语言。格罗特的著作在发行新版时,维柯应邀替这新版写些注解,这样就有机会更深入地研究了格罗特的这部著作。他写的注释,很少是为改正格罗特,而更多的是改正旧版中格若罗维斯(Gronovius)的旧注。这本旧注本来是写出来讨好一些自由政府的,并没有维持公道。维柯只注了第一卷和第二卷的一半就不再注下去了,因为想到自己以一个天主教徒来

用加注去粉饰一位异教作家的作品是不合式的。

凭这一切研究以及所得到的知识，凭上述对他所特别敬仰的四位作家所作的准备，维柯就想用他的知识来为天主教服务。维柯终于察觉到在文艺界以往还没有构成一种体系既能使最高明的柏拉图的哲学服从基督教的信仰，又能与一种语言学和谐一致，这种语言学有两个分支，或两种历史，一是语文本身的历史，一是相关事物的历史，用有关事物的历史来证明语文的历史确凿可凭，来使学院哲人们的箴规能和政治哲人们的实践办法协调一致。凭这种洞见，维柯就清楚地看出他先前在头几次开学演讲中所恍惚寻求的那种概念或原则。他在《现代各科学术研究的方法》以及稍迟一点的《形而上学》里对这种概念或原则也逐渐看得比较清楚些。

在1719年那次公开的隆重的开学典礼里，维柯所以提出了这样论点："一切关于神和人的学术研究都有三个因素，即知识，意志和力量，其唯一原则是心思（the mind），用理性作为它的眼睛，神把永恒真理的光传到这眼睛。"他把这论点划分如下："至于这三个要素，我们知道它们存在而且是属于我们的，就如我们知道我们自己在活着那样确凿可凭，就让我们凭我们绝对不能怀疑的那一件事物来说明，这当然就是思想。为着我们较容易地进行思想，我把本讲分为三部分。第一部分要说明各科学术的一些原则都来自神。第二部分要说明由上述三种要素所显出的那种神的光或永恒真理渗透到一切科学中去，把各种科学都安排成为一种秩序，其中各种科学都凭一些最紧密的纽带互相联系在一起，同时都联系到神，神就是它们的来源。第三部分要说明：凡是已写出或说出的关于神和人的学问的基础的一切,如果符合这些原则,那就是真实的,否则就是错误的。关于神和人的事物的知识还有三点我也要讨论,即这种知识的来源,循环过程和融贯一致性。我要说明一切事物都来源于神,都经过一种循环返回到神,都要在神身上见出它们的融贯一致性;离开了神,它们就全是黑暗和谬误。”维柯就这个论点讲了一个多钟点。

有些人认为上述论点,特别是第三部分,宏伟胜于切实有效。他们说,以前匹柯·德拉·米冉多拉(Pico della Mirandola)在提出支持“关于一切可知事物的结论”时,也没有承担如此沉重的负担,因为他抛开了可知事物中重要的大部分,即语言学(历史编纂学)。语言学要研究各种宗教、语言、法律、习俗、所有权、转让权、主权、政府和阶级之类问题,这些事项起初都是不完备的、渺茫的、不合理的、不可信的、没有希望能把它们归结到一些科学的原则。对这种批评,维柯为着让人初步认识到这种新科学终会成立,就发表一种他的计划的说明,散发到意大利和阿尔卑斯山以外各国。有些人提出了不赞成的意见,不过等到后来维柯的著作出版了,渊博的学者们纷纷祝贺和赞美,原先的反对者也就不再坚持己见了,所以在这里就不值得再提了。安东·莎尔维尼(Anton Salvini),意大利的一位学界泰斗,不吝从语言学方面提了一些反对意见,维柯在《语言学的融贯一致》一文里作了有礼貌的答复。其他从哲学方面提出异议的是乌尔芮西·户伯(Ulrich Hüber)和汤玛苏斯(C. Thomasius)两位德国著名学者,但是维柯发现到他在《法学的融贯一致性》那部书的末尾已回答了他们。

题为《普遍法律的唯一原则和唯一的目的》一书也在1720年

出版，其中维柯证明了他的论文中第一、二两部分。维柯听到了一些异议，但是都不能推翻维柯体系本身，只涉及一些细节。维柯为着不显得像树起一些稻草人来把他们打倒，他就没有指名道姓地在《法学的融贯一致性》那部著作中回答他们。这部著作在1721年出版了。其中对论文第三部分给了一些较详细的证明，把它分为两部分，即《哲学的融贯一致性》和《语言学的融贯一致性》。有些人对后一部分中标题为《一种新科学的试探》一章感到不高兴，其中维柯在开始把语言学归纳为一些科学的原则。这就显示出维柯在论文第三部分所许下的诺言无论是从哲学方面看，还是从更重要的语言学方面看，不是空谈。而且从这个体系出发，作出了许多重要的发明，都是新的，远离过去一切时代的学者们的那些成见的。因此，这部著作除“不可理解”以外没有遭到任何其他谴责。但是本城市的学者们已向世界证明，它是“顶好理解的”。他们还对它作出有力的称赞，见这部著作末尾的附录。

大约就在此时，姜恩·洛·克洛克(Jean Le Clerc)给维柯写了一封信，大意如下：

> 卓越的阁下，显赫的韦尔登斯坦公爵(Count Wildenstein)的使臣交来了论法学和语言学的本原的大著。虽然当时我在乌特越希特(Utrecht)，几乎可能有寸刻之暇来浏览它，但因为我当时被俗务纠缠，要回到阿姆斯特丹，所以还来不及投身到大著的清泉里。不过稍一过目，我就看出许多关于哲学和语言学的宏论，已足使我可以向我们北方学者们显示出意大利人在聪明和渊博方面正不下于寒带的学者们自己。明天我就要返回到乌特越希特住几个礼拜来尽量欣赏大著，在那里

我比在阿姆斯特丹较少杂扰。等到我已较足够地掌握住你的思想，我将在《古今图书评论》这个刊物第十八卷第二部分显示出我多么高度地评价大著。再见，尊敬的阁下，请把我放在公正地敬仰您的博学的人们的行列。匆匆写于阿姆斯特丹，1722年9月8日。

这封信使赞赏维柯著作的人们高兴，使持相反意见的人们感到不快。后一部分人相信姜恩·洛·克洛克不过是私下表示个人的恭维。等到他在《古今图书评论》中发表公开评论时，他会恰如其分地对维柯的著作说公道话。他们还说，洛·克洛克不可能由于维柯的这部著作就肯违背他从近五十年以来一直都在说的话，他一直认为意大利没有产生什么著作在才智和学力方面能和欧洲其他地方发表的著作相比。同时，维柯为着向世界证明：尽管他重视名人们对他自己的赞赏，却并不以此为他的工作的终极目的，他正在根据他的语言学原则去研究荷马的两部史诗；并且凭他所构思出的某些神话学原则，对荷马的两部史诗看出不同于过去人替他们所描绘出的那种面貌，证明了这位诗人在处理这两种题材中多么神明地把两组希腊故事交织在一起，一组希腊故事属于昏暗渺茫时代，另一组属于后来的英雄（酋长）时代；维柯根据瓦罗的时代划分对荷马以及神话法律的这些解释，在下一年即1722年公开发表过，标题为《维柯对两部书的注解；一部关于普遍法律的原则，另一部关于法学的融贯一致性》。①

此后不久，大学里法学课午前主任讲座出空了，午前讲座比午

① 参看《新科学》卷三《发现真正的荷马》。——译者

后讲座低一级,年薪只有六百个荷兰金币。凭上述成就,特别在法学领域里,维柯竞选成功的希望加大了。他已经在大学里为晋级准备了两年。就任职期限来说,他的年资也最长,因为他是由西班牙查理二世任命的,其他教师任命都较晚。他还可以靠在本城市的声望,人人都尊重他,许多人都受过他的教益,他没有伤害过任何人。〔竞选凭抽签选定某段法律条文进行解释和辩论;竞选者有三名,各人都有高低不同的后台,彼此勾心斗角,要压倒另外两人。维柯的竞选讲演旁征博引,"得到了普遍的鼓掌"。〕[①]但是他终于落选了。

维柯在这次不幸遭遇使他对此后在父母之邦能否得到较高的地位感到绝望时,幸好看到姜恩·洛·克洛克的评论得到一些宽慰。这篇评论出现在《古今图书评论》第十八卷第二部分,评论者仿佛已听到某些人对维柯的著作所已提出的指责,他发表了下述意见(原文是用法文写的,引述时用直译):他仿佛是针对指责维柯的著作为不可理解的那些人表达了他的总的看法,说维柯的著作"充满着从各种不同的观点来考察过的深奥题材,把自己的意见用简洁的文章写了出来;有许多段落不可能写得更简洁,只有引长段原文才可以表达出意思;他是运用数学方法来结构成的,数学方法是'从少数几条原则抽绎出无限多的结论';读者应细心,从头到尾毫不间断,使自己习惯于作者的思想和格调;等到读者既已就它深思熟虑了,他们就会发见许多学科之外的新发明和新收获。"涉及维柯的论文第三部分初发表时引起的争论,洛·克洛克

① 维柯详叙竞选经过,中译者作了简略译述。——译者

提到哲学时说："前此关于神和人的学问的全部原则所已说过的话，如果符合前书(论普遍的法律)中已写出来的话，那就必然是正确的。"提到语言学时，他评论说："作者在简短的范围里，省视了从世界大洪水到汉尼拔入侵意大利之间的一些重要时代，因为在全书中，维柯在不同地方往往讨论了在那段时间发生的许多问题，进行了许多语言学的观察，纠正了许多最能干的批评家都轻轻放过的大量的普通错误。"最后他向一般群众作出结论说："书中不断地把一些哲学的法学的和语言学的问题综合在一起来讨论，因为维柯先生毕生致力于这三门学科，对它们都深思熟虑过，读过他的著作的人都会知道这一点。所有这三门科学之间都有紧密的联系，任何人如果不是对每一门都精通就不可能精通其中任何一门。所以我们毫不感到奇怪书后面列出意大利学者们对这部著作所发表的赞赏。从这一切我们认识到这位作者在形而上学、法学和语言学三方面都被公认为内行，而他的著作是有创见的，其中满是重要的创造发明。"①

乙编，1725年，1728年

维柯降生下来，是为他的故乡(那不勒斯)也是为他的祖国(意大利)争取荣誉(因为他成了一位学者，是在故乡和祖国，而不是在非洲摩洛哥)，最好的证据就在任何另一位学者在遭到上述厄运打击之后都会追悔乃至放弃他对其他著作的辛勤钻研。事实

① 姜恩·洛·克洛克这位法国学者在法国文学史上并不著名，维柯在自传中特别举出他对自己的评论，是因为他是《古今图书评论》的编辑，多少能代表当时欧洲文化界的舆论。——译者

上他已写出一部分为两部分的著作,两部分合印成两大卷。在第一卷里他动手寻找世界各国或各民族的自然法,先通过对已往学者们只是凭幻想而不是凭钻研所得出的种种荒谬无稽之谈进行科学的批判。接着在第二部分就凭替希腊史荒渺无稽的时代订立一种确凿可凭的合理的时历或年表把人类习俗的生展追溯出来,因为我们对于古代可知道的一切都是希腊人传下来的。[①] 这卷实际上已由癸略·陶诺本人(Don Giulio Torno)从头到尾审阅过。这位大人是那不勒斯教会中的一位渊博的神学家。后来维柯断定原来从否定反面陈述的方式对想象虽有吸引力,对理解方面却讨人嫌,因为人的心智不能从此得到扩大。另一方面,由于一种逆境的打击[②],维柯发现自己经济困难,无力把这部著作付印;而他却已作出诺言要将此书出版,荣誉攸关,不能失信;所以他反复思索,想找出肯定正面的陈述方式,因为这样办就会写得精简些而且较易奏效些。[③]

1725 年底,维柯把这部〔改写过的〕著作在那不勒斯出版,全书只有 288 页,标题为《各民族本性的新科学的原则,从中得出关

① 维柯原来的计划是把《新科学》写成两部分,第一部分专批判过去学者们关于法律的起源和发展的历史的一些错误的看法,第二部分是提出自己的正面的看法。第一部分原已写出,审查人嫌它写得太长,劝他只提他自己的正面的看法,即现在所印行的《新科学》。第一部分批判旁人的议论因太长,印刷费用太大,所以遵照审查人的意见没有出版。——译者

② 指大主教考什尼(Corsini)宣布不能照前已默认的替原定的否定形式的《新科学》付印费。——译者

③ 这里维柯说话吞吞吐吐,他进行改写,放弃了否定旧说的形式,似是采纳了审查官的意见却勉强承认这是他自己的决定。——译者

于各民族自然法的一些新原则》[1],并且签名献给欧洲各大学。在这部著作里维柯终于充分发现到他前此还只依稀隐约地认识到的那种原则。因为他现在才认识到要远从神圣历史(《圣经》)的一些起源去找本科学的最初起源,才是不可避免的涉及全人类的当务之急。因为哲学家们和语言学家们都承认无法从各异教民族的最初创建人去追溯本科学的逐步进展。维柯尽量地利用了姜恩·洛·克洛克在对他的前一部著作的评论中的一段话。他说:"维柯给我们对世界大洪水到第二次迦太基战争之间一段主要时期的历史作了总结,讨论了这段时期里发生过的各种问题,就它们作出了许多语言学方面的观察报道,而且纠正了过去许多最有才能的批评家都忽略过的一些共同错误。"因为维柯发明这门新科学是用一种新的批判方法从诸(异教)民族创始人所创建的民族中的一些民间传统故事中耙梳出该民族创建过程的真相,而著作通常受到批判的那些作家们都在这些创建人若干千年之后才出生。凭维柯的这种新批判方法的光照,对于须用明确观念和妥帖语言来讨论的民族自然法,就必需有各种训练,科学的训练和文艺的训练。拿这个标准来衡量,这些训练的真正起源和过去人们所幻想的都大不相同。

因此,维柯把这些原则分成关于思想的和关于语言的两部分。在关于思想的部分,他发现了关于地理和时历这两颗历史眼睛的一些新原则,从此就发现到过去所缺乏的世界历史的一些原则。他发现了哲学方面的一些新的历史原则,首先是一种人类的形而

① 即第一版《新科学》。——英译者

上学，这就是一切民族的自然神学，凭这种自然神学，各族人民凭人对神的一种自然本能，自然而然地由自己创造出一些自己的神。对神的敬畏导致最初的一些民族创建人和某些女人结成终身伴侣。这就是人类的最初的婚姻制。这样，维柯就发现到异教神学的大原则和神学诗人的大原则的一致性。这些神学诗人们不仅是异教人类的诗人，而且也是全人类的诗人。维柯从这种形而上学里得出一种为世界各民族所共有的伦理学，乃至一种政治学，他并且把一种人类法学建筑在这人类政治学的基础上。语文随时期不同而变化不同，随着各民族逐渐揭开对他们自己本性的认识，就导致他们的政府体制的发展变革。政府体制的最后形式是君主独裁制，各民族按本性都要在君主独裁制上安顿下来。维柯就这样通过语文的研究填补了世界通史原则中所留下来的一个大漏洞。这种世界通史是从尼努斯（Ninus）[①]和亚述人[②]的君主独裁政体开始的。

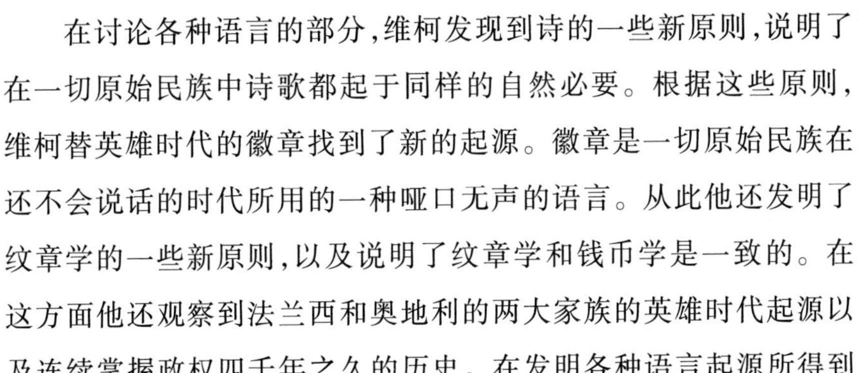

在讨论各种语言的部分，维柯发现到诗的一些新原则，说明了在一切原始民族中诗歌都起于同样的自然必要。根据这些原则，维柯替英雄时代的徽章找到了新的起源。徽章是一切原始民族在还不会说话的时代所用的一种哑口无声的语言。从此他还发明了纹章学的一些新原则，以及说明了纹章学和钱币学是一致的。在这方面他还观察到法兰西和奥地利的两大家族的英雄时代起源以及连续掌握政权四千年之久的历史。在发明各种语言起源所得到

① 尼努斯，罗马开国人。——译者

② 亚述人，东方古代民族。——译者

的结果之中,他还找到一切语言都共有的共同原则,并且写出一篇示例论文,说明了拉丁语言的真正原因。凭这个范例他替学者们开了路,让他们用同样方法去研究一切其他语言。他还提出一种想法,要编出一切土生土长的语言所共用的古词源,另外也替外来语种编一套古辞海,以便最后为语言科学编出一套普遍的词源(或辞海)。这对于正确地讨论各民族的自然法是必要的。

凭上述一些关于思想和语言的原则,亦即一种全人类的哲学和语言学,维柯发展出一种理想的永恒的历史,建立在天意或神旨这种思想的基础上。维柯在这部著作中自始至终都在说明各民族的自然法都是由天意安排的。这种永恒的历史是由各民族的国别史在时间上都经历过的,都经历了兴起,发展,鼎盛以至于衰亡。例如埃及人曾讥笑希腊人如对远古事物毫无所知的儿童。维柯从埃及人那里取来两大古代文物片段而加以利用。其中之一就是埃及人把全部过去时间分三段:神的时期、英雄(酋长)的时期和人的时期。其次是埃及人把以往的各种语言分成和这三个时期相应的三个类型:第一种是神的语言,这是一种哑口无声的语言,即象形文字或神的字母;第二种是象征的语言,和神的语言一样由比喻构成;第三种语言是词各有字源意义的民众语言,是由便于日常生活应用的约定俗成的语言。

维柯说明了第一个时期和第一种语言都是和氏族时代相应的。氏族确实在一切民族中都先于城市,氏族是人们公认为城市的起源。氏族是父主们作为掌握主权的君主在诸神管辖之下施行统治的,按照神的预兆而处理一切人事。维柯引证了希腊人的神话故事来极其自然而简单地把氏族时代的历史显示出来了。涉及这一点，维柯还观察到东方诸神由迦勒底人提升到天上成为星辰，由腓尼基人传到希腊（维柯证明这是在荷马时代之后），发现希腊诸神的名称便于和东方的诸神结合起来，正如希腊诸神的名称后来传到拉丁区域时，也有一些拉丁神名和希腊神名相对应一样。因此，维柯说明了这种模式在拉丁人，希腊人和亚细亚人之间都或先或后地复现过。

接着维柯就说明了第二个时期和第二种象征性语言也和原始的民事政体的时期相对应。这种政体就是某些英雄（酋长）王国或贵族统治阶层的政体。古希腊人把这种贵族统治阶层称为赫库勒斯族（Heraclids），据说都起源于神。与此相反，最初的平民们（plebeians），即贵族们的臣民，则被认为都起源于野兽。维柯很容易地把这类英雄王国的历史展示为由希腊人描绘给我们看的第伯斯人[①]赫库勒斯那种人物性格的历史。赫库勒斯确实是希腊英雄人物中最伟大的一位。他是赫库勒斯族的始祖。斯巴达王国就是由这个氏族的两个国王来统治的。它无疑是贵族型的。因为埃及人和希腊人都说过，每一个民族都有一位赫库勒斯（对于拉丁人来说，史学家瓦罗曾数出四十位之多）。维柯得到的结论是：在诸神之后，在异教诸民族之间，都是由英雄们掌握了政权。根据希腊古代文物中一个重要的证据，库越特族人（Curetes）从希腊移民到克里特岛，塞探尼亚（即意大利）和亚细亚[②]，他说明了这些人就是拉丁的用长矛武装的战士（Quirites），其中有一群是罗马的。因

① 希腊的远祖。——译者

② 维柯所说的亚细亚一般指小亚细亚，民族大半还是欧洲的。——译者

此,武装战士的法律就是一切英雄民族的法律。他从此说明了罗马十二铜版法是由雅典输入的一说是无稽之谈,事实上是原来拉丁区域本土的英雄种族的三种法律,传到罗马由罗马人遵行而后来定在十二铜版法里的。他发现了罗马政体,德行和公道的根本原因,在和平时期由法律强制执行,在战争时期由征服来强制执行,否则古代罗马史如果按现在流行的看法去解释,就比希腊人神话故事的历史还更难置信。根据这一切理由,维柯提出了罗马法学的一些正确原则。

最后,维柯还说明了:第三个时期,即普通平民和本土语言的时期,与完全发展出的人类本性的思想,亦即承认一切人都是一律平等的思想这种时期相适应的。这种发达的人类本性就带来了人类政体的一些形式,民主政体和君主独裁政体。属于这第三时期的就是罗马皇帝之下的大法官们。因此,维柯说明了君主独裁是最后的政体形式,各族人民终于要停顿在这种君主独裁政体上。如依过去的幻想假设,说最初的国王们就已像现在的君主专政,那就根本不会有共同体或政体起来,各民族也不可能由欺骗或暴力开始,如前此某些人所想象的。[①]

既已装备着上述那些大量的首要和次要的发明,维柯就动手讨论各民族的自然法,说明了在哪些确定的时期,以哪些确定的方式,产生了构成这种自然法的整个体系的各种习俗。这些习俗就是些宗教、语言、财产权、转让权、阶级、主权、法律、军备、审判、刑罚、战争、和平与联盟。根据这些习俗产生的时期和方式,维柯展

① 例如英国霍布士的暴力论和法国卢梭的民约论。——译者

示出它们的一些永恒特性，足以表明每一种习俗的本性，即它的起源的时期和方式只能是这样的而不能是另样的。

维柯经常顾到希伯来人和异教人之间的一些本质区别。希伯来人从起源时就已站起来坚定地遵行一种永恒公道的一些办法。各异教民族却不然，他们单凭天神意旨的指导，以永远一致的方式，经历过三种法律的连续变化，和埃及人的三个时期和三种语言相适应。第一种法律是神的，在希伯来人中间由真神（上帝）治理，在诸异教民族中由各种不同的伪神治理。第二种法律是英雄（酋长）的，英雄们站在神和人的中间地位。第三种法律是人类的，即特属于完全发展，被认为尽人皆平等的那种人性。只有到了这第三种法已得势流行的时期，哲学家们才有可能在各民族中兴起来，凭一种永恒公道的箴规进行推理，来使法律日趋完善。

在这最后一点上，格罗特、塞尔敦和普芬道夫这三大近代法学家都看错了。由于他们缺乏可以应用到研究诸民族创建人的批判方法，他们都相信这类创建人都已富于玄奥的智慧，没有看出对于诸异教民族来说，天神意旨就是寻常智慧的一种神明的教师，在异教民族中间，只有在经历了许多世纪之后，〔哲学家们的〕玄奥智慧才从这种寻常智慧中产生出来。因此，上述三大法学权威都不能把各民族的自然法（这就是各民族的习俗）和哲学家们的自然法（这是哲学家们凭推理得出的）分辨清楚而且没有授予特权于上帝优选的民族（希伯来这个民族由上帝优选出来，让他们保持一切异教民族都已丧失的那种真教）。这种批判方法的缺乏也曾导致先前一些解释罗马法的学者接受十二铜版法从雅典输入罗马的神话，并且用一些学派特别是廊下派和伊壁鸠鲁派的哲学观点去解释罗马法,不顾罗马法本身的特性。事实上这两派哲学观点都不仅违反罗马法的原则,而且也违反人类文化本身的原则。人类文化的原则就不许这两派根据时尚[①]的哲学观点来看罗马法,而罗马法学家们自己就明说他们根据时尚。

凭这部著作,在现代而且在真教的怀抱里把全部异教中关于人和神的智慧的原则都揭示出来了,这是天主教的光荣,维柯也因此为意大利祖国赢得了一种优点,即不用欣羡新教国家荷兰、英伦和日耳曼的上述三大法学权威。由于这些理由,这部著作有幸获得那不勒斯大主教罗冉佐·考什尼阁下(Lorenzo Corsini)的宠遇。这部书就是献给他的。他发出了这样的好评:"就用了古老的语言和稳健的教义来看,这部书都足以显示出在今天的意大利精神中还有一种对塔斯康式雄辩术所特有的才能,以及在最难的学术研究中还有进行新的创造的一种旺盛而恰当的勇气。所以我祝贺这部书为祖国争光。"

乙编续,1731 年

《新科学》出版后,作者就通过最安全的邮路寄给各位朋友。赠书给姜恩·洛·克洛克,还附着给他的一封信,都封在寄犹太人癸色普·阿提阿斯(Giuseppe Attias)的邮包里,托付他转交。姜恩·洛·克洛克是在那不勒斯和这位犹太人结交的。当时这位犹太人以希伯来语言方面最渊博的学者著名,他所编辑的在阿姆斯

① 意大利原文是 sette de' tempi,英译作 those of the times,those 似指上文所说的 principles(原则),英国研究维柯的学者惠特考(Whittaker)说,所指的是英文常用语中的 climate of opinion(意见的气候),这就是"时代风尚"。——译者

特丹出版的《旧约》是学术界众口称赞的。他在回信中很客气地接受了这项任务，并且感谢维柯把大作也赠送给了他自己一部，还告诉维柯说，凡读过这部书的朋友都赞赏它的题材重大，有丰富的新思想（如洛·克洛克先生所说的）。

但是维柯没有收到洛·克洛克的回信，也许他已经去世，或是因为他的高龄已迫使他放弃了学术研究和文字通信。

在艰苦的研究工作之中，维柯还做些较轻松的工作。当西班牙皇帝腓力五世决定驾临那不勒斯时，统治那不勒斯王国的总督厄斯卡诺那（Escalona）公爵就通过他的宰相毕斯卡底（S. Biscardi）任命当时任皇家辞章学教授的维柯就西班牙皇帝的驾临写一篇欢迎词。皇帝八天之后就要驾临，维柯须在皇帝驾临前赶忙写出。欢迎词按时写出并印出来了，题为《献给西班牙皇帝腓力五世的颂词》。

后来那不勒斯这个王国又改归奥国统治了，维柯又受新政权之命，写了一些祭文、颂歌、墓志铭乃至达官贵人的婚礼颂赞之类应酬文章；他有时还把《新科学》中的神话故事——例如《天后舞曲》（*Juno in Dance*）也穿插进这类文章里去。

我们的维柯如果不是年纪老，早年就感染上的那些疾病日趋严重，他一定还会从新国王奥国总督那里得到更多的恩惠。他的神经系统开始显得衰弱，连走路也感到困难，而记忆力日益衰退对他是一种更大的痛苦。他因此被迫放弃教私塾和大学里的讲课。他请求国王任命他的儿子简那罗（Gennaro）至少临时做他的大学讲座的继承人。他说简那罗显出足够的证据，证明他的能力合格，他曾有几次当着他父亲的面解释修辞学的要素，博得听众的满意。

上级对这项请求暂时搁下未作决定，因为当时担任修辞学教职的人还要兼任大学总管，还要和主教及修道院长商量才能决定。明智的教长对年轻的简那罗·维柯胜任这项职务的能力和为人正直本已熟知，便立即向国王建议：照顾到维柯多年来对皇家大学的功勋以及他儿子的优良品质，请国王把修辞学教职授给维柯的儿子。国王批准了这项建议，修辞学讲座便授给了简那罗·维柯，这使衰老多病的父亲感到说不出来的安慰。

……①

维柯的暮年

〔维拉萝莎公爵夫人的续编，1818 年〕

维柯像他自己告诉我们的，是一个大家庭的父主。子女都长大成人了，而他自己却忍受着正常幸运的父亲都不会被迫忍受的那些烦恼和悲伤。他看到他的家庭日益陷于穷困，因为像他自己招认过的，他从幼年起，老天爷就没有肯把他安顿在舒适的环境里，而且砍除了他力图改善他的情况的一切好办法。他在他的恩护主罗冉佐·考什尼(Lorenzo Corsini)给他回信(他曾请求这位大主教做主把《新科学》第一版付印)的背面写下了下面一段话：

> 考什尼大人来信，说他没有办法承担《新科学》之前的那部著作②的印刷费。我被贫穷所迫，因此要思考这部改写的

① 下文系维柯自叙身体一天坏似一天的情况，略去未译。——译者

② 即从反面批驳的《新科学》。——译者

专从正面直叙的《新科学》，这使我精神沮丧。我只得付印这部篇幅较少的书，为此要卖掉一只嵌着五颗纯水色钻石的金戒指。凭这项卖价我才能支付印刷费和装订费。因为我不得不把这部书付印，我就把它呈献给这位大主教。

他完全靠他的教职薄俸过活，这是绝对不够开支的。他发现自己被迫要在家里开私馆，教拉丁语言和文学。我们首都中最高尚的绅士们都喜欢把孩子送请他去教；他们深信请维柯教比请担任同样科目的其他教师都较好，不仅得到健全的教学，而且还得到道德的修养。国内许多主要绅士们的子弟不能都到维柯家来请教，因此维柯除掉教来请教的人之外，还要亲自到这些人家里去给他们上课。因为本城的达官贵族们都很重视把他们的孩子培养成有学问有道德的人；这样的人才配得上他们的高贵血统和富裕财产，才能有别于无数愚蠢无知的大多数人。

但是教这些私课的收入还不足以应付经常压迫他和困扰他的迫切需要。他的最大不幸是娶了一位虽秉性纯洁天真但是缺乏就连一个平庸的妻子和母亲也必须有的那种才能的女子。她连字也不会写，很少关心家务，以致使他这位饱学的教授也不得不亲自去筹划他的儿女们需要的衣服和其他一切东西。

维柯对妻子儿女都极宽容，特别宠爱两个女儿。长女露易莎(Luisa)具有超过一个女人所需要的天赋才能，表现在爱好文艺特别是诗上。维柯就亲自极小心翼翼地去教她。他很满意地看到他的努力没有白费。她到了成年时就在诗方面显身手，证据是她的一些喜人的作品竟列入一些印行的选集里。看到我们的这位哲学家在每天繁忙工作之余就轻松愉快地陪他的女儿们游戏，那真是一个令人快活的场面。唐·本韧德陀·劳达提神父,一位在性格和知识方面都受人尊敬的神父,曾亲眼看见过这个喜人的场面。他经常访问维柯,有一天看到维柯在和他的小姑娘们游戏,不禁向他背诵塔索的名句:

> 这里可以看到在麦阿林(Maeonian)姑娘们中间,阿尔什德斯(Alcides)拿着纺锤谈闲天。

听到这句俏皮话,这位宠女儿的父亲不由得呵呵笑起来了。

他的姑娘们给他带来安慰,而一个坏蛋儿子(我绝不在此说出他的名字)却在幼年就引起他伤心。这个儿子成年时绝对不肯从事学问和保持清醒的习惯,一心喜爱放荡怠惰的生活,后来染上各种恶习,变成维柯家庭中丢人的角色。他的好父亲想尽方法想使他迷途知返,回到正道。反复的盛情告诫和来自有名望的哲人们的权威性的警告对改造这位迷路青年都成了白费的努力。情况变得很糟,以至伤心的父亲不得不招来警察把儿子监禁起来。但是到了最后一分钟,他听到来逮捕的警察上楼梯时,出于父子之爱,他跑到不幸的儿子跟前,周身发抖地向儿子叫喊道:"救你自己的命呀,我的儿子!"当然这种出自亲爱的行动终没有能阻止法律采取不可避免的行动;这孩子终于被关进监牢;关了很久,他才显出要真正痛改前非的标志。

这次家庭灾难本身就已不轻,伴随它来的是另一种同样严重的灾难。他的另一个女儿健康日益衰退,开始受病魔的折磨。女儿的病一方面使不幸的父亲忍受最大的痛苦,又迫使他不断承担医药的花费。这笔花费也许终于是无益地白白的扔掉,但维柯在沉痛中付出花费毫不惋惜。这些严重的灾难从来没有使维柯旷过荣誉和职责的要求,他照常上课。他以英勇的耐心忍受了一切。只有对一些知心朋友,他偶尔才肯伤心地道出他的苦楚,说:"厄运会在我死后还继续追捕我。"这句话不幸而言中,是灾难的预兆,我们将来还会看到。

随着不朽的波旁亲王夏尔(Charles of Bonrbon)预示幸运的驾临本王国(那不勒斯),维柯开始看到情况改善的一线希望。这位宽宏大量的降福于臣民的君主采取了一些宏伟而迅速的措施(现已登基的他的儿子和继承人终于使这些措施完成),使本国得到很多的好处,像他的前任阿尔芳梭(Alfonso)那种文人学士的恩护主一样。所以,他一听到我们的维柯具有罕见的资历,就发出文凭,任命维柯为皇家的历史编纂,年俸为一百个荷兰盾币。文凭原文如下:

> 考虑到阁下的学问和长期致力于皇家大学的青年教育,皇帝陛下特任命您为他的历史编纂,连同这一政务的职权,并且相信您会完成您的任务。鉴于您已印行的那些著作,在大学正薪之外,还分配给您现职年薪一百荷兰盾。我很荣幸地把皇帝的诏谕向您宣布,使您认识到您在皇帝陛下的眼里所获得的宠遇。
>
> 我热烈地祝愿上帝使您长寿!
>
> 蒙特勒格的约瑟夫·约新姆
>
> 那不勒斯,1735年7月21日

维柯接到文凭多么欢喜!但是他从这种暂时的好转中所得到的好处只是察觉到自己终于要断气了,他自己感到人间的一切医方对他都已无效!一阵肺充血使他衰弱过度的身体无法抵抗,他就派人去请安东尼·玛里亚神父(这位神父是一位饱学者)来替他举行送终仪式。他本着对神旨的绝对服从,祷告上帝赦宥他的罪过,从神圣教会对它宠爱的儿女的大力救助得到他所祈祷的安慰,还不断地默诵达维的颂神诗。他安详地死于 1744 年 1 月 20 日,享年七十六岁。[①]

……

① 下略,未译。——译者

中译者译后记

我在本世纪二十年代到欧洲留学，随着当时美学界的潮流，接触到意大利美学大师克罗齐的一些著作，把他的《美学原理》译成中文出版。由克罗齐我注意到他的老师维柯的《新科学》，一方面嫌它艰晦，同时也多少认识到他的思想的重要性，所以在六十年代写《西方美学史》时，就在第一卷为维柯特辟一专章。《西方美学史》尽管用作教材，维柯专章实际上却等于石沉大海。我并不因此死心，找到闲空时还是在北京大学图书馆找出几部介绍维柯的书来硬啃。我有一位留美当教授的朋友黄秀玑女士，看到康奈尔大学新出版的《新科学》的英译本，就马上买了一本寄给我，同时一位意大利朋友、意大利汉学院沙巴提尼院长把意大利原文版《新科学》和《维柯自传》也寄给我了。当时我已年近八十，还是下定决心，动手来译。我既不懂意大利文，又不懂拉丁文，古代史过去在英国虽也学过，但是考试没有及格。知道了这种情况，读者当会想象到我的艰苦处境。加以一年老似一年，衰弱也就一天更严重似一天，往往有极平常的中文字也忘记怎样写，要问老伴奚今吾和我的侄子朱式蓉（在安徽省安庆师范学院中文系教书，暂调到北大帮助我整理文稿）。现在总算把这部难译的书译出来了。错误必然百出，但是我在克服困难中认识也有所提高，特别是稍懂得

一点历史发展的道理以及人类在社会发展过程中所起的创造性的作用。我国科学事业正在日益发展,新起的社会科学研究工作者之中终会有人肯费一番工夫,拿出一部《新科学》的较好的新译本来。历史将会证明这不仅是我老汉垂死前的一种奢望。

为着帮助将来的改译者,希望读者发现到这本译文的错误,就立即提交承印本书的人民文学出版社外国文学编辑室,或商务印书馆历史编辑室。*

朱光潜　1983年冬,时年八十有七

附记:中译者写的《维柯的〈新科学〉的评价》由上海文艺出版社郝铭鉴同志负责整理,在《朱光潜美学文集》第三卷里已印出,读者对《新科学》的要义可以从此掌握一个梗概。去年夏天在美国纽约新成立的“维柯学术研究所”寄来了一些论文集,懂意大利文的朋友王天清同志又借给我米兰新出版的由保罗·劳什(Paolo Rossi)写序加注的意大利文新版本,注中讲到维柯与马克思的关系较多,这些也宜参考。

---

* 本书中译本1986年由人民文学出版社排印出版。中译本出版前,我们征得译者和人民文学出版社同意,这次由商务印书馆列入《汉译世界学术名著丛书》重排出版。付排前,编辑部对译文作了校核,改正了部分遗误。——编者

图书在版编目(CIP)数据

新科学/(意)维柯著;朱光潜译.—北京:商务印书馆,2017
(汉译世界学术名著丛书:120年纪念版:珍藏本)
ISBN 978-7-100-14883-2

Ⅰ. ①新… Ⅱ. ①维… ②朱… Ⅲ. ①哲学理论—意大利—中世纪 Ⅳ. ①B546

中国版本图书馆CIP数据核字(2017)第161197号

汉译世界学术名著丛书
(120年纪念版·珍藏本)
新 科 学
(上下册)
〔意〕维柯 著
朱光潜 译

商 务 印 书 馆 出 版
(北京王府井大街36号 邮政编码100710)
商 务 印 书 馆 发 行
北京中科印刷有限公司印刷
ISBN 978-7-100-14883-2

2017年12月第1版 开本 710×1000 1/16
2017年12月北京第1次印刷 印张 49¾
定价:250.00元